U0958603

别人家的妈妈不吼不叫

Jaguar 小姐
《亲子天下》编辑部　著

海南出版社
· 海口 ·

版权合同登记号：图字：30-2016-088 号

图书在版编目（CIP）数据

别人家的妈妈不吼不叫 / Jaguar 小姐，《亲子天下》编辑部著．-- 海口：海南出版社，2020.4
ISBN 978-7-5443-9189-4

Ⅰ．①别… Ⅱ．①J… ②亲… Ⅲ．①家庭教育 Ⅳ．①G78
中国版本图书馆 CIP 数据核字 (2020) 第 027786 号

别人家的妈妈不吼不叫
BIERENJIA DE MAMA BUHOU BUJIAO

作　　者：Jaguar 小姐，《亲子天下》编辑部
监　　制：冉子健
责任编辑：张　雪
执行编辑：于同同
封面设计：MM末末美书 QQ:974364105
责任印制：杨　程
印刷装订：三河市祥达印刷包装有限公司
读者服务：武　铠
出版发行：海南出版社
总社地址：海口市金盘开发区建设三横路 2 号 邮编：570216
北京地址：北京市朝阳区黄厂路 3 号院 7 号楼 102 室
电　　话：0898-66830929　010-87336670
电子邮箱：hnbook@263.net
经　　销：全国新华书店经销
出版日期：2020 年 4 月第 1 版　2020 年 4 月第 1 次印刷
开　　本：880mm × 1230mm　1/32
印　　张：6.625
字　　数：126 千
书　　号：ISBN 978-7-5443-9189-4
定　　价：48.00 元

策划缘起

文｜《亲子天下》教育图书主编　李佩芬

练习爱自己，挑战不怒吼

在美好的童话故事里，结局往往只写到男女主角终成眷属的幸福快乐，若接下来有个追踪主角生活的真人秀，我们一定会明白，周旋于柴米油盐酱醋茶、奶瓶尿布副食品的寻常百姓日子，才是活生生的真实世界。

当生活如陀螺般不断地被推着转时，我们可能会开始埋怨另一半：怎么都不像婚前那样嘘寒问暖，使个眼色就心领神会了；我们或许会感叹自家傻孩子，怎么就不像别人家的孩子那样乖巧听话。于是，我们的不满逐渐累积，怨念之墙越来越高。细究人们每次"大吼"的背后，都隐藏着一长串的委屈与不满。

《亲子天下》创刊 7 年来，曾策划过的大大小小的"情绪"专题超过 10 个。每次的读者反馈，也都让我们真切地感受到，这的确是父母与子女之间以及夫妻之间的巨大困扰。很感谢每次的制作过程都获得了亲子教育、心理咨询等方面专家的鼎力协助。通过各领域专家的精辟分析，我们能从"原因"到"对策"一网打尽，找到解决问题的方法，使纠结的情绪拨云见日。

然而，如同亲子教育专家杨俐容所说，情绪管理从来就不是

“今天教，明天就能学会”的事。唯有通过日复一日的观察与操练，才有可能让每日的小练习，累积成为日后的小成功。

因此，我们挑选了在《亲子天下》上发表过的 21 篇实用好文，并从中整理出学者、专家和热心妈妈提及的“戒吼便利贴”。除此之外，我们还设计了让妈妈可以自我监督的“情绪觉察表”与“戒吼日历”。哪怕每天只有短短 5 分钟也好，希望妈妈们有意识地留出一些“宠爱自己的时间”，储存情绪正能量；也希望通过连续 21 天的观察记录，妈妈们能用表情符号记下自己每日的心情。倘若你愿意，甚至可以邀请孩子一起来参与，我们也为孩子准备了“妈妈今日心情”表，让“情绪”成为亲子间可以共同讨论的话题。

“21”这个数字，对本书共同作者 Jaguar 小姐来说，同样别具意义。Jaguar 小姐是《亲子天下》网络平台的严选教育达人，她的许多篇文章都曾引起广大网友的共鸣。曾挑战过“连续 21 天煮晚餐”“连续 21 天不跟老公和孩子生气”的她，在本书中分享了她亲身实践“练习不生气”的起心动念与点滴历程。与专家们的剖析和建议不同，在穿插于书中的“Jaguar 小姐聊心事”部分，她那如同好朋友一般的不藏私的心境分享，无形中却带来一股疗愈的力量，鼓励你我一起用 21 天的时间，做出改变。

大家准备好开始好好关照自己的情绪，并朝“优雅育儿”与“淡定教养”之路迈进了吗？欢迎拿起这本书的你，与我们一起踏上这个练习 21 天不怒吼的旅程。

文 | 《亲子天下》严选教育达人 Jaguar 小姐

这段挑战 21 天不生气的旅程

从小，我就是个与情绪问题纠缠的孩子。

我在一个吵吵闹闹的家庭中长大，从有记忆以来，父母的争吵就从没停过。他们虽然彼此相爱，但在坏情绪来临时，一方发起无名火，另一方也毫不相让。争吵、冷战、甩头而去，这样的戏码在我的童年生活中经常上演。年幼的我时常惊恐着，有时候上一秒刚觉得很幸福，下一秒世界就立刻变色。我的世界时而风平浪静，时而惊涛骇浪。平稳顺遂的安心感，我从未有过。

这样的情绪氛围，造就了我善于察言观色。我总是小心翼翼地观察父母的脸色，生怕一个不注意，又跌入万丈深渊。在我的生活经验里，幸福并非恒久存在的东西，而是飘忽不定的云雾，这种不确定感让我变得敏感又易怒。由于幸福总伴随着毁灭，有很长一段时间，我无法安然享受眼前的幸福。我总是在感觉到幸福来临时，立刻亲手将它敲碎，因为这样我才能防止悲剧的到来，而不是胆战心惊地等着被突袭。

不知是本性使然还是有样学样，长大后的我，脾气也不遑多让。我会跟父母顶嘴，也会用甩门违抗父母的命令。即便小时候的我曾立下志愿，发誓自己在结婚生子后决不在孩子面前吵架，然而人总是下意识地复制以往的成长经验，当婚姻与育儿的压力席卷而来时，我也逃不出争吵大战的宿命。

然而这样的儿时经验也不全是坏事，随着女儿逐渐懂事，我很快觉察到自己正走向同样的道路。有一次我与先生大吵，女儿害怕地跑过来抱着我大哭，我在她身上看到我小时候的影子，那个恐惧、无助、担心世界将要破碎的小女孩，活生生地在我宝贝女儿的身上重现。我深深爱着的两个人，缺一不可的两个人，他们正在经历家庭中的战争，在这场战争中，我们都是输掉的那一个。

曾被情绪问题伤害的我，清楚地理解女儿的感受。我正在用坏情绪伤害生命中的另一半与我最爱的孩子，我必须终止这样的不幸。

既然生命经验中缺少示范，我们必须以非常清晰的理智去带领自己，我决定正视问题，改变命运。现在的我已走在一条完全不同的道路上，我所梦想的那种和谐安稳的幸福，可以由我开始创造，再让我的孩子传承。

这本书记录了我在婚姻与育儿之路上与坏情绪搏斗的故事。做一个不吼不叫的妈妈，是我一辈子的事业。

作者群简介

Jaguar 小姐：本名余筱莹，《亲子天下》严选教育达人，原是专攻台湾地区有关劳工规定与消费者权益的律师。有别于工作时的理智与冷静，面对家中事，有着张牙舞爪的豹妈模样，决不温驯。所幸在自我觉醒后，决定鞭策自己不断改进。

王晓晴：土象星座妈妈，三个"小萝卜头"的娘，专业文字工作者。累了一天后，若孩子无法好好配合上床指令，就会理智断线。今年的目标是让 7 岁、4 岁半、3 岁的孩子都能自己吃饭、洗澡与睡觉，当个快乐、不易怒的妈妈与妻子。

李宇欣：两个女儿的妈妈。当家里有三个女人时，只能用"吵、很吵、非常吵"来形容生活状态。在《亲子天下》编辑部负责采访写稿，自己也在一次又一次的采访过程中，练习提升自我的情绪控制力。当然，女儿也在不甘示弱地持续提升战斗力。

李佩芬：水象星座妈妈，在《亲子天下》编辑部穿梭于杂志与书籍之间。家中两个顽皮鬼相差 6 岁，使得妈妈的脑筋也得不时地在青春期与低幼期两个世界游移。自己神经很大条，因此面对迷糊指数爆表的两个孩子，吼完后也常常只能以"要与孩子惺惺相惜"来自我期许。

李宜蓁：本是情绪写在脸上的典型暴走妈，在《亲子天下》编辑部负责采访写稿。书中许多经典桥段都来自她的亲身经历。她感谢这份工作让她得以求教于许多情绪专家，探访戒吼界的高人妈妈。现在她已经脱离暴走妈的框架，往不怒而威的高阶情绪管理中迈进。

施逸筠：两个孩子的妈妈。曾是常要一边煮晚饭，一边接电话、回电子邮件，还要顺便吼孩子的一名科技行业业务员。两年前换工作，转任

《亲子天下》编辑部特约记者。她深深觉得，放下手机，关上电脑，孩子的顽皮捣蛋，有时其实很可爱。

许芳菊：两个男孩的妈妈，曾任《亲子天下》总主笔，现为自由作家。移居宜兰 9 年，主张让孩子在大自然中成长。感谢孩子十几年来的陪伴与成长，希望孩子长大了，自己也长大了。

陈念怡：育有两个个性迥异但都很难缠的小男孩。虽然写过几篇育儿文章，但面对处于 2 岁"怒涛期"的儿子时，仍旧不免情绪"大暴走"。"有几分力，做几分事"是她每日奉行的育儿格言。

陈佩雯：很容易焦虑的妈妈，因此对于吸收各种养育、教导孩子的信息有莫名的狂热，目前为《亲子天下・Baby》主编。每天倍感焦虑的时刻是傍晚，"设定生活优先级""适时请老公支持"是她缓解焦虑的两大处方。

陈雅慧：《亲子天下》总编辑，有着 15 年新闻工作和 14 年养育孩子的经验。享受着当母亲的成就感与喜悦，也经历过无能为力的挫折与沮丧。杂志编辑与母亲，都是自己热爱的事业。

詹纯玲：任职于友缘基金会，主要负责儿童人际关系团体培训及亲子育儿咨询。她最大的体会是家长需要先让自己情绪平静，才能让孩子平静下来，继而协助他们作出更适当的行为。帮助了孩子，却也让成人更了解自己。

宾静荪：巨蟹座妈妈，女儿正处于叛逆末期（但愿），在《亲子天下》编辑部负责国际趋势和人物的采编。有过多次关于情绪议题的报道，她最大的认识是：先安顿自己，然后才能面对孩子。

目录

Part 1

好好爱自己

003

Part 2

婚姻不气爆

072

Part 3

变身戒吼妈

117

I
MOM

Part 1

好好爱自己

工作超时、担忧不断、身份多重、万事扛下，

每天忙得团团转的陀螺妈妈们，

千万别忘记预留出“宠爱自己”的时间，

让生活的小停顿，成为好情绪的补给站。

戒吼第 1 天

文｜宾静荪

妈妈，你为什么生气？

孩子动作慢、爱顶嘴、功课不好……妈妈心里总有烦不完的事。真是搞不懂，为什么自己像一只压力锅，心中总有一团无名火？

不论孩子大小，不论是为了作业、成绩或是生活常规，你是否发现，自己总是在生气，而事后却又懊恼不已？自省之余，除了不了解当时为什么要为芝麻小事发那么大脾气之外，更懊恼的是，如果当时是个悠闲的时刻，孩子同样的行为其实是可以被允许的。

只不过到了下一回，同一个节骨眼、同一件事又让你气到爆。你发现，"教育"变成了"叫育"，亲子关系变成恶性循环、算旧账。你自认为一向爱孩子，根本不想当喷火龙妈妈，但就是没办法控制自己。你问自己：到底哪里出了问题？

小小的、日常的冲突，若不好好处理，很容易把家变成"被情绪污染的垃圾场"。在某些极端个案中，这样的坏情绪冲突戏码会持续恶化。

从研究数据来看，家庭暴力案件逐年增加，其中婚姻暴力的比例高达 60%，"而且，高社会经验、高教育水平的男性施暴比例越来越高。许多医生、教授不见得会动手打太太，但会长期使用语言暴力或进行精神虐待”。曾担任新北市板桥区地方法院少年保护调查官多年，目前为台湾世纪领袖文教基金会创办人与执行长的亲子专家卢苏伟，对于这些情况十分忧心。

经前症候群也让妈妈的情绪随女性荷尔蒙的变化而出现高低起伏。女性在月经期，会因荷尔蒙的变化而变得敏感，导致情绪起伏剧烈。研究显示，有 3% ~8%的女性有严重的经前症候群，而妈妈们经常性的情绪波动会影响家庭。咏美身心诊所所长，也是长庚医学院副教授的萧美君提过一个案例，父母都是新竹科学园区的高级主管，念小学的儿子每个月有几天会无缘无故地被妈妈打。孩子偷偷把挨打的日子记下来，半年下来，他清楚地发现妈妈就是在经期那几天，反应特别激烈、没有耐性。

其实绝大多数的父母在气消了以后，往往会觉得罪恶感深重、愧疚不已。"好爸爸、好妈妈不是圣人，也有情绪问题。爸爸妈妈不是不能生气，但要知道自己为什么生气。”彰化师大辅导与咨询系教授高淑贞分析。

很多育儿冲突，从表面来看是孩子行为的问题，其实背后反映的是父母本身的压力和焦虑。当父母累了、着急、赶时间的时候，耐性就会降低，说话口气就不好，就很容易因为孩子的一个小动作、小行为而发脾气。

是因为压力作祟，找不到出口？

往深层探究，有时父母的暴躁，其实是因为自己累积了许多日常压力，找不到出口，而没有反抗力的孩子，就成了最大的出气筒。

萧美君观察发现，越来越多的妈妈因情绪困扰前来求助。工作上，公司会要求一个人做两个人的工作，再加上完美主义的自我要求，许多女性不断地要求自己扮演好生命中的每个角色，却完全不给自己留出时间和空间，没有片刻的喘息与放松。久而久之，无法纾解的压力，让好脾气、好耐性都不见了。越是受教育程度高且一直都很优秀的妈妈，越希望在人前维持完美的形象。妈妈们从刚开始的情绪失控到后来愈演愈烈，一发不可收拾。为了面子，妈妈们的情绪问题都在家中解决，于是孩子就被打挨骂，成为替罪羔羊。

压力过大也会影响女性的荷尔蒙分泌，扰乱女性正常的经期。现代女性，更年期的平均年龄提前到 49 岁，40 岁停经算正常；抑郁症发作高峰期提前到 38 岁，很多女性更是整个经期紊乱，连情绪波动的规律都找不出来。在很多严重的个案中，直到妈妈看见孩子无助惶恐的眼神，感到人际关系、工作、家庭都不对劲儿了，才意识到问题的严重性。

整个家庭环境给爸爸的压力也不小。"许多男性在成长过程中，没有学习到如何面对自己的情绪和压力，很多人连自己的感觉都抓不到，更不用说去面对了。"台湾马偕医院协谈中心心理咨询师曹淑华观察到，很多爸爸觉得男性的情绪要收起来，不能轻易吐露；有问题不能靠别人，要靠自己；爸爸不愿寻求帮助，

戒吼
便利贴

扮演父或母角色的同时，永远不要放弃做自己。当你愿意为自己的人生目标而奋斗时，对孩子也是一种心灵上的自由，他不必对你感到亏欠或遗憾。

自己又无法纾解，内心积聚的压力就更容易在家里爆发出来。

还是想要通过孩子，活出完美的自己？

让家中充满负面情绪的另一个原因，是父母认为孩子的表现不如自己的预期。父母常把“一切都是为你好”作为自己对孩子恶言恶行的合理借口，但是这背后反映出的是父母对孩子的控制欲望。

人在成长过程中形成的价值观、理想、自我期待，都会影响自己如何扮演父母的角色。高淑贞分析，父母最难抛开“成绩魔咒”，如果是重视功课的父母，就无法忍受孩子成绩不好或不努力争取好成绩。"因为那是父母不熟悉的人生。父母期望孩子一生圆满顺利，也就是功课好、考上好学校、找到好工作。但如果孩子的人生没有按照世俗社会或父母期望的方向发展，父母就会有很多灾难式的想法，会不放心，会产生焦虑，这种焦虑会影响亲子互动。”高淑贞指出了很多亲子冲突背后的原因。

许多父母认为孩子能否取得成功与自己没有直接的关系。在“已经给他们最好的，为什么还这么不长进”的抱怨里，反映出的是父母自己的野心。台湾淡江大学教育心理与咨询研究所教授柯志恩，在自己的著作《哪个妈妈不抓狂？》中诚恳反省并提醒大家，父母常在不自觉中想“通过孩子，活出一个完美的自己”，当年自己不敢去挑战的事情，想通过孩子来完成，或已享有的荣耀，希望在孩子身上继续，因为“培养孩子”比“面对自己”容易多了。

所以，许多问题表面看是孩子的问题，但追根究底却可能是父母自己的问题。但如果反向思考，把处理亲子关系当成彼此学习成长的历程，孩子功课落后、不专心学习、沉溺于网络、晚归等问题，只要处理得好，都是一个互相学习的机会。也唯有当父母与子女双方容许彼此有犯错的空间时，亲子互动质量才有机会得到改善。

想真正享受美好、健康的亲子关系，建议父母可以从以下三个方面，调整自己的心态和认知。

1. 先做好自己，再做好爸爸或好妈妈

你在扮演父母角色的同时，永远不要放弃做自己。当你愿意为自己的人生目标而奋斗时，对孩子也是一种心灵上的自由，他不用对你感到亏欠、遗憾。不要为了做完美的爸爸或妈妈，为孩子牺牲自己的全部。“因为没有人可以在满心委屈的关系中得到真正的幸福。”高淑贞说。

了解并接纳自己的个性、极限、能力、缺憾及不足，调整自己的生命优先级，想清楚自己人生选择的后果。做父母的只有先照顾好自己，才能给子女能量，并照顾好他们。人在身心俱疲的状态下绝不可能有好心情。每天要给自己一点安静的时间和空间去察觉自

己的身体和情绪。"情绪是一种信号，背后有一层更深的语言，去了解那语言，去理解、接纳自己的愤怒和焦虑。"曹淑华建议。

如果可以，让自己带着笑容出门，带着笑容回家。回家前请仔细地体会自己的情绪指数。若以 0 到 10 计分，当你发现自己当天的情绪在 5 分以下时，就先不要处理任何事，不要去管另一半和孩子，而应该先处理自己的问题。累了就先去泡澡、喝杯花茶，或在血糖低时吃点巧克力，恢复自己的能量。

2. 欣赏取代挑剔，感恩取代抱怨

提醒自己，要做亲子关系正向循环的起点。接纳并欣赏孩子是独立的个体，不须让他复制你的生命经验，这样你们才能开始欣赏彼此不同的地方，而孩子也会在你的欣赏中，找到他的独特本质。

用感恩的心情去看待自己扮演的父亲或母亲的角色。因为这个角色让你得以享受"单纯给予爱"的快乐，当你心甘情愿地为自己而做时，孩子也会因此受惠。

在卢苏伟家里，任何服务都是一种荣幸、一种福分，都值得特别感恩和珍惜。做家务活的那个人，都一定会感谢家人让他有这个荣幸为他们服务。

有一次他演讲到很晚，回到家中已经很累，发现太太也已经累得睡着了，但洗衣机里的衣服还没有晾上。他难免心怀抱怨地去阳台上晾衣服。晚风袭来，他突然想到，能够为亲爱的家人服务，实在是很大的荣幸和福气，这样的机会有很多，总有一天会

戒吼便利贴

不要为了做完美的爸爸或妈妈，而为孩子牺牲自己的全部。因为没有人可以在满心委屈的关系中，得到真正的幸福。

是最后一次。就像送孩子上学和接孩子放学也不过到高中为止，等他们上大学就不需要了……想着想着，他的眼泪就流了下来。卢苏伟不是教徒，但是他身体力行，用珍惜和感恩的心来服侍自己的家人，这样就会简单得多，情绪就不容易波动。

3. 冲突过后，示范修补人际关系的智慧

在亲子日常冲突里，重要的不是父母在当下做了什么，而是事后做了什么。高淑贞建议，父母在情绪平稳后，可以和孩子分享当时的心理变化，为什么自己会表现得那样在意和生气？亲子相处，也是在学习彼此和谐相处的人际关系。父母在忙碌时，也可以告知孩子，此时此刻并不适合讨论事情。孩子在一次次地相处过程中，会渐渐学会关照父母的状态。

最后，高淑贞提醒我们，除非处理的行为很表面化，否则改善亲子关系没有速成方法。任何专家给的建议，你不能期待尝试了一两次就立即有效，要多给新方法一些时间，多给自己一些耐心。"如果你让孩子对你失望了 3 年，起码也要给他 1 年的时间重新认识你。你关怀他一次，因为他没有响应就失望，但你曾打他十巴掌，为何关怀一次就要他立刻响应呢？”高淑贞反问。

"亲子关系是一种难得的缘分，是一辈子对彼此的祝福，是人们在受挫时获得滋养的来源，"高淑贞说，"任何冲突，都不要以破坏亲子关系为代价。"

要当孩子生命中的贵人，还是要当压力的来源？父母的选择应该很清楚。但是要坚持这个选择，是父母一辈子的功课。

戒吼第 2 天

文 | 陈雅慧

总是抢当完美 A+ 妈妈?

你有 A+ 妈妈的倾向吗?先做个小测验,再听听专家归纳的 A+ 妈妈症状与相应的对策。

从今天起,你可以告诉自己:妈妈也是人,不必当超人!

你是不是别人眼中的 A+ 妈妈呢?以下选项,若正好是你平日的写照,请打对号:

【　】1. 吃杧果只啃杧果核,果肉都留给孩子吃。

【　】2. 几乎没有自己独处的时间。

【　】3. 想不起自己有什么成就,引以为傲的成就就是孩子的表现。

【　】4. 没有可以谈心、分享育儿甘苦的朋友和亲人。

【　】5. 坚持给孩子最好的,如全母乳哺育、亲手做晚餐和便当、陪孩子做功课……若是无法达成,就会充满罪恶感。

【　】6. 相信育儿书中写的都是事实,对照自己的窘况常常感到沮丧。

【　】7. 只要孩子开心,自己就开心了,很久没有问“自己到底过得好不好”。

【　】8. 觉得没有人可以分担工作,总是认为先生照顾孩子会有问题、婆婆和妈妈观念落伍、保姆笨手笨脚等。

方框中的问题，你是否有一半以上的答案都是肯定的？若是如此，你很可能是自我要求太高的 A+ 妈妈，你很需要放松一下，对自己好一点！

年轻时嗤之以鼻的育儿杂志占据客厅，书柜和桌子上的小说全换成食谱和亲子育儿书；衣柜只留下方便哺乳的衣服，其他空间塞满四处要来的孩子衣物；在意孩子的装扮胜过自己……41 岁的黄宗娴是位高中老师，第二胎生了双胞胎，目前停薪留职，在家带孩子。她讲述了当母亲以后整个世界只围绕着孩子转的心情："现在照镜子，常常只为了确认趴在肩头的孩子闭上眼睛没有。"

"以前我想当 A+ 妈妈，工作上要表现好，孩子也要照顾好。人生顺序，第一是孩子，第二是工作，第三是老公，没有我自己。因为太忙碌了，我发现自己总是对老大说：'快！快！快！'有一天我身体不舒服，便交代儿子：'若是妈妈发生什么状况，你就打电话给谁谁谁……'儿子听了很害怕，拼命点头，他觉得我生病都是他的错，哭着对我说：'妈妈，我以后一定会很乖，一定会好好吃饭，一定不会忘记做作业……'我愣住了，儿子一连讲了十几个对自己的负面评价。这和我的教育理念完全背道而驰。我这个'A+'妈妈给孩子的压力真的太大了！"儿子已经上大学的晓飞（化名），回忆起刚当新手妈妈时的巨大压力，至今仍对大儿子充满歉疚。

戒吼
便利贴

每天给自己一点安静的时间、空间，去察觉自己的身体和情绪。请尝试去理解自己的情绪语言，并接纳自己的愤怒和焦虑。

摆脱想当完美妈妈的神话

台湾地区 25~44 岁的女性中，有 70% 以上都在工作。也就是说，现代妈妈几乎都是身兼二职：要负担生计、追寻自己的工作成就，同时也要负担传统意义上的作为母亲的责任。

不只现代职场妈妈面临巨大压力，家庭主妇也有从 A 到 A+ 的升级压力。因为上一代的妈妈多半用本能带孩子，但现代妈妈孩子生得少，对孩子的期望更高，她们拼命吸收育儿信息，经常处于高压、高焦虑的气氛之中。大家都想要给孩子最好的，都希望自己是超级 A+ 妈妈，却总觉得自己做得不够好。

有类似感受的妈妈，并不在少数。

"我拒绝当 B+ 妈妈。当然要努力当完美的 A+ 妈妈，一定要给孩子最好的。"宝宝才一岁多的翠轩（化名），平常工作很忙，宝宝由婆婆帮忙带，周末才把宝宝接回自己家。但是宝宝从出生到现在，身为职场妈妈，翠轩不辞辛苦地坚持母乳喂养，周末还亲自下厨，帮宝宝准备好一周的辅食。

要当超级 A+ 妈妈是极其辛苦的，甚至可能是一个自己为难自己的噩梦。事实上，不刻意追求完美的 B+ 妈妈更加懂得，先让自己快乐，才是幸福家庭的重要基础。

2011 年 9 月的《时代》杂志曾报道，立志要成为“超级妈妈”的女性较容易得抑郁症。报道引用了美国华盛顿大学在美国社会学年会上发表的一份研究结果。其研究追踪了连续 32 年参与“美国国家青少年演变研究”的 1 600 名职场妈妈和家庭主妇，其结果显示，现代母亲要远离抑郁症状，最重要的一点就是要摆脱当“超级妈妈”的想法。对照这 1 600 位女性年轻时对母亲角色的看法，以及 40 岁时的抑郁程度发现，拼命想在职场和家庭都上演完美演出的妈妈，比起拒绝当完美妈妈的女性，更容易罹患抑郁症。

无论是职场妈妈还是家庭主妇，都有可能是追求完美的 A+ 妈妈。然而，完美妈妈在子女眼中，却不一定是最好的妈妈。在此提供 A+ 妈妈的三大症状及相应的破解对策。

A+ 妈妈症状 1

孩子和工作摆第一，没有自己

许多“好”妈妈往往没有发现，自己已经习惯了燃烧自己，无论什么东西总是把最好的留给孩子和先生，剩下的才给自己。晓飞在广播电台担任主持人，同时也是两个孩子的妈妈。有一天她惊觉，长久以来，自己没有好好吃过水果。比方说每次吃杧果时，都是把果肉切成小块分给家人，然后自己站在厨房匆匆地把果核啃干净。

然而，这种忽视自我的生活，不但容易耗尽自己的心力，还有可能丧失爱别人的能力。萧美君说，她常常问来门诊的妈妈“你好吗”？很多妈妈从来没有问过自己这样的问题，甚至反问“这重要吗”？

萧美君观察，来门诊的妈妈很多都是让情绪跟着孩子转，情绪高低起伏完全被孩子的表现所左右。“在接受长期的育儿指导后，有一天当这些妈妈发现自己的情绪不再跟着孩子转时，问题多半就迎刃而解了，”萧美君提醒妈妈们，“若连自己都不爱，还怎么爱别人？”

对策：一定要有个人的时间和空间

作为妈妈要照顾别人，这种付出是无止境的，因此一定要有自己独处和充电的时间，这也是许多职场妈妈觉得自己比家庭主妇“轻松”的主要原因——至少上班的时候，可以好好地喝一杯咖啡。

美国今日世界电视台和《亲子》杂志网站，曾合作进行过一个“职场妈妈真心话”调查，共有 26 000 多位职场妈妈参与。妈妈们悄悄透露了没有告诉别人的“黑暗”真心话：“其实，上班比带孩子轻松多了！”调查中，三分之一的妈妈承认，工作虽然辛苦，却是逃避全天候照顾孩子的一个完全正当的借口。

“建议妈妈们认真想一想，一天中有哪个时刻，可以停下来，什么都不做？很多妈妈都说不可能有一个人的时间，但就算是坐在车上发呆，每天 5 分钟也好！”萧美君说。

A+ 妈妈症状 2

自信不足，总觉得自己不够好

亲子教育专家杨俐容曾私下对来听演讲的妈妈们进行问卷调查，发现妈妈们普遍有“阿信”性格：有好的、成功的表现都不敢居功，总觉得应该归功于运气好或者其他因素；但是遇到家人和孩子有问题时，却常常觉得都是自己做得不够好。

萧美君指出，妈妈们的焦虑和罪恶感常常来自比较，根本的问题就在于自信不足。萧美君举例，只要孩子生病，妈妈们都很容易将其归咎于自己没有照顾好他们，却不会去想，这是孩子成长过程中获得免疫力的必经阶段。

对策：告诉自己“我很棒！”

容易陷入“阿信”式负面情绪的 A+ 妈妈，应该常常鼓励自己：“当妈妈很不容易，我已经很棒了！”就连拥有幼儿教育博士学位、又在幼儿园任教多年的李坤珊都深有感触，自从生了孩子，当了妈妈以后，她就不太敢再对妈妈们建议“你要有耐心”！

萧美君建议妈妈们要避免“自动化联结”，不要看到问题发生就立刻自动将原因联结到自己身上，而是要拓宽思考范围，想想引起问题产生的原因有哪些。试着将其写下来，可能 50%是 A 原因、30%是 B 原因……学习客观地分析问题的原因。

戒吼便利贴

妈妈们要避免“自动化联结”，不要看到问题发生就立刻自动将原因联结到自己身上，而是要拓宽思考范围，想想引起问题的原因有哪些。

A+ 妈妈症状 3

总想要掌控，没有弹性

追求完美的妈妈习惯了掌控一切，对于无法控制一切会感到焦虑。在专家眼中，这样的妈妈缺乏弹性，一旦心里设定了标准，就很难放下，把自己逼得很累，又容易对他人产生不满。

没有弹性的 A+ 妈妈，让爸爸觉得最累。“老婆常常抱怨我，每次带孩子去吃晚餐，就只会吃垃圾食物。但那是因为我只是‘偶尔’带孩子，让他们开心一下又有什么关系？若孩子们的饮食都由我负责，我也不会天天给他们吃炸鸡呀！”一位 45 岁、拥有一儿一女、在上市公司担任经理的爸爸说。

“老婆常常抱怨我早上送孩子上学迟到，她宁愿自己早起。其实，我也不是每次都迟到，但是老被骂，时间久了我也就破罐子破摔了。”在台南开摄影工作室的蔡爸爸吐苦水。

对策：偶尔失序，真的没有关系

许多妈妈做得多、睡得少，总是帮家人设想过多，但这样往往失去了带领孩子认识真实妈妈的机会。

有一项研究或许可以让妈妈们感到安慰：90% 的父母承认曾经在情绪失控时对孩子大吼，但孩子在父母情绪失控的过程中，反而看到了情绪管理的重要性。

美国南方卫理公会大学的心理学教授乔治·霍顿（George Holden），曾针对达拉斯州 36 个志愿参加研究的美国家庭，进行了长期的观察与研究。

霍顿在研究中得出的结论是，父母情绪失控在所难免，但最重要的是，不能用言语污辱孩子，同时更要让孩子知道，父母其实非常爱他们。A+ 妈妈的期待给了自己太多压力，而不甚完美的 B+ 妈妈因为懂得先让自己快乐，反而是让自己、让家庭摆脱了"压力锅"状态。

快乐的 B+ 妈妈三原则

那么，让自己快乐，也让家人轻松的 B+ 妈妈，又该具备哪些素质呢？

亲子教育专家杨俐容在《情绪教养，从家庭开始》一书中讲到，英国心理学家温尼考特（D. W. Winnicott）所提出的"足够好的父母"概念，值得当父母的参考。

温尼考特根据临床经验指出，不完美的父母并不会对孩子造成任何伤害，当父母的只要能坚持几个原则，就是足够好的父母。

原则 1　对自己坦诚

不把孩子当作满足自己需求的工具。譬如，有些父母因为疲惫，往往希望孩子睡午觉或晚上早早入睡。如果父母无法厘清“让孩子早睡”是自己的需求还是孩子的需求，就很容易出现父母坚持认为让孩子早睡是为孩子好，但是却因为孩子“不领情”而感到困惑或生气。

原则 2　恰当表达愤怒

“足够好的父母”能够及时觉察，并以恰当的方式处理自己的负面情绪。譬如在烦躁和愤怒的时候可以找别人接手，或暂时离开现场，冷静一下。当孩子对父母有负面情绪时，父母也能理解这种情绪的必然性，领悟这是情绪教育的最佳时机，应给予适当引导。

原则 3　充分表达爱意

这也是改善亲子关系的最佳催化剂。只要孩子能够感受到父母的爱，不论管得紧一点还是松一点，都会有不错的效果。这对于孩子长大后的成就动机和人际关系有相当重要的影响。

若我们都能够把“最低标准”是“足够好的父母”这一原则掌握好，释放自己的压力，反而可能更容易达到“最高标准”。因为，所有的母亲都爱自己的孩子，但“如何爱”却是个难题。或许，先从爱自己开始，我们终能找到一个最适合自己和孩子的方向。

人物故事

资深幼儿老师林乙葶（新北市三峡区鸢山公共托育中心主任）

自己带孩子，幼教专家也头痛

新学期刚开始，资深幼儿园老师林乙葶牵着一个哇哇大哭的小男生，陪他换上室内鞋，搂着他走进教室。“弟弟一个人上学会害怕。”因为哥哥从大班毕业去念小学了，林乙葶耐心地向其他家长解释。以前她在幼儿园工作时，哭泣的幼幼班和小班新人，常常都要找这位林主任。

林乙葶有托儿所所长证、保育员资格证、保姆证、蒙特梭利教师资格证，还有超过20年的幼教实务经验。光看履历，她应该是对孩子“最有办法”的人。但她自己也承认，虽然兼具理论与实务，在学校里是很有耐心的老师，但在家里，只是个“B+妈妈”。

现在已是3个男孩妈妈的她，在刚生完老大的时候，白天工作，晚上还要进修，因此老大24小时都由保姆照顾。但接下来生的是双胞胎，孩子32周时早产了，因为找不到合适的保姆，于是她下定决心回家照顾孩子，顺便把自己学到的蒙特梭利幼教理念在儿子身上实践一下。

但是回家后她才发现：“原来当妈妈这么难。”她回忆，那时候大家看到她带双胞胎出门，都会说：“好可爱！”但是其实她心里却想着：“一点都不可爱，我在家哭的时候，你们都没有看到。”晚上，双胞胎一个睡自己左边、一个睡右边。两个宝宝的小床上分别放着一本小笔记本，记录他们的喝奶时间。因为早产，宝宝太小，2个小时就要喂一次，喂完要拍嗝，安抚好一个，就差不多该换另一个了。“真的会忘记哪一个吃过、哪一个没吃过，半夜又怕吵到还要上班的先生，真的是躲在门后面哭。”

最让妈妈受挫的就是孩子生病。在家带孩子的林乙葶，非常注意孩子的饮食健康和环境卫生，所有辅食都是自己亲手制作，但孩子还是会生病。有一次哥哥在幼儿园感染了水痘，回到家接连传染给两个弟弟。“那时真的觉得好沮丧、好沮丧，我都已经这么注意了，可孩子还是会生病……”

兄弟间的争吵，同样让她非常头大，也让她深刻体会到教育的弹性。哥哥在双胞胎弟弟出生以后，只喜欢其中一个，要妈妈把另外一个“丢掉”。哥哥会偷偷捏他，甚至捏到瘀青。“我也知道，按教育理论，我要在弟弟面前称赞哥哥好棒，建立哥哥的高大形象。但是，如果试过以后没有用，就要换一种方式，比如用罚站的方式来惩罚一下哥哥！”林乙葶在给家长提建议时，都会适时提醒他们：每个孩子都不同，适合别人的方式，不一定适合你的孩子。

受挫是必然的，不用追求成为“完美妈妈”

在自己带孩子的过程中，林乙葶深切体会到，成为母亲后经历挫折是必然的，想要完美是不可能的。身为

即使拥有4张幼教类的专业证书，以及超过20年的幼教实务经验，林乙蓁（右一）面对自己的3个男孩，也只能束手投降，做B+妈妈就好。（摄影｜黄建宾）

幼教专业人员，她懂得寻找支持，首先是找“过来人”倾谈，比方说找孩子已经比较大的同学诉苦和讨论，请教长辈的意见，如妈妈或外婆。

她也以身为一位资深妈妈的经验告诉大家，在找朋友倾诉的同时，你也要抗拒三姑六婆等毫无建设性、事不关己的意见。

比方说，因为受过幼教专业训练，在孩子小时候，林乙葶希望他们有较多的锻炼身上大、小肌肉的机会，于是她把家里布置成无障碍空间，让宝宝可以尽情爬行。但是，总有些邻居会在串门时给出负面评价。

对这些没有正面帮助的邻居，林乙葶就会拒绝与其继续往来，以免增加负面情绪。另外，每到周末，她一定会请先生帮忙带小宝宝，自己牵着已经上幼儿园的大儿子去菜市场逛逛，暂时摆脱奶瓶、尿布缠身的状况。

即使是拥有 4 张幼教专业证书、超过 20 年教学经验的资深幼教老师，面对自己的孩子，也曾有束手无策的时候。资深 B+ 妈妈林乙葶想给所有妈妈打气：“不必因为自己的孩子跟书上说的不同、与别人的孩子不同，就感到受挫。”

戒吼第3天

文｜陈佩雯

陀螺妈妈，请按下“暂停键”

总觉得自己被工作、家庭牵着团团转，想休息，却停不下来。总是一直担心孩子、先生和工作。

“我们的妈妈们太不宠爱自己了！”几年前从瑞士造访回来的作家彭蕙仙观察到，瑞士家庭的厨房摆着插花和音响设备，瑞士妈妈做菜时很优雅，听着音乐、赏着花，用度假的心情处理厨房的工作。

但反观我们的妈妈们，音响放在客厅给客人听，花也放在阳台给客人欣赏，她感叹：“怎么就没有人想到，妈妈们的厨房也需要美美？”

妈妈们不想宠爱自己吗？美国《简单生活》（*Real Simple*）杂志曾调查了3 000多名25~54岁的妈妈，结果发现，50%的妈妈想要有自己的时间，但是，这些渴望宠爱自己的妈妈中，却有45%的人无法放手让家人分担家务，有69%的人不放心把孩子交给别人照顾。

妈妈的人生，为何失衡？

调查还发现，6%~8%的妈妈认为，让自己人生失衡的凶手，并不是工作，而是家庭。《健康与社会行为期刊》（*Journal of Health and Social Behavior*）2011 年的一项研究指出，相较于爸爸，职场妈妈在家里处理公事时，所承受的心理压力比较大。

由于天生的母性、社会的期待，许多职场妈妈让自己的生活一步步走向失衡，不自觉地为家庭“过度地”“无止境地”付出，也让自己陷入“边做边抱怨”的怨妇纠结之中。

在教会从事婚姻辅导工作，同时也是台湾中原大学通识教育中心副教授的曾阳晴观察，生了孩子后，母性会驱使妈妈不自觉地承担起照顾孩子的责任，若妈妈没有觉察并限制这种“为爱付出”的母性，常会在不知不觉中便将其从孩子身上转移到其他人身上，比如丈夫。

对此，拥有两个女儿、长期推动性别平等教育的台湾铭传大学通识教育中心副教授苏芊玲则指出，“母爱”是天生的，“母职”却是可以通过学习而得到的。她认为，家务与育儿，任何人都能学习，包括爸爸，女性除了学习当母亲之外，也有追求自己人生的权利。

每天像颗陀螺般转个不停的妈妈，该如何按下“暂停键”，学会宠爱自己呢？不妨试着从以下 5 个方法开始努力。

1. 暂停工作和家务，留点时间给自己

可以从小小的片刻开始。《好女人，跷家去》作者琼・安德森（Joan Anderson）建议妈妈们，选定一个周末，试着宠爱自己，例如洗个泡泡浴，而不是洗碗盘，或选个午后，把自己埋

在床上的杂志堆里。

担心被家人打扰？《妈妈必修的不完美学分》作者梅格·米克（Meg Meeker）建议，每个妈妈都应该找到适合自己独处的地方，并且让每个人都知道。例如她在卧室里有间小书房，里头有张她称为“安静时间”的椅子。她的孩子都知道，当她在那里的时候，她不想被打扰。

2. 用“而且”取代“但是”

很想宠爱自己，“但是”家务还没做完、“但是”公司的人还在等我回复邮件……琼·安德森认为“但是”是阻断性的字眼，一旦说出这两个字，妈妈们就陷入了“我必须……”的泥沼，无法满足“我现在要……”的需要。

她观察，当妈妈们用到“但是”时，说穿了是不想改变当下的处境。因此安德森建议，不妨把“但是”改成“而且”，例如“我必须处理的事情真的很多，而且很难取舍，得靠我自己设法解决”。

遇到自我与外在环境冲突时，妈妈们的反应由“但是”改为“而且”，就是在设法增加并包容新的可能选项。

3. 准备星星贴纸

为了保证妈妈们会留些时间给自己，有个容易且立即可行的方法。琼·安德森建议妈妈们，买一包星星贴纸，放在日历旁边，每当妈妈们勉强挤出一点时间给自己，就在那天贴上一颗星星。不久之后，妈妈们的日历上将会星光灿烂，而这代表的就是

戒吼
便利贴

买一包星星贴纸，放在日历旁边，每当妈妈们勉强挤出一点时间给自己时，就在那天贴上一颗星星，代表了妈妈们宠爱自己的时刻。

妈妈们宠爱自己的时刻。

4. 除了育儿书，也读其他书

世界上的妈妈有千百种，彭蕙仙认为，把心打开，多看看别人的生活，可以激发不同的选择。也许自己未必可以像其他妈妈那么自在，但是在参考、对照其他人的生活态度后，往往很容易发现，自己还有不少的空间与弹性时间可以争取。

苏芊玲则建议职场妈妈，除了读育儿类图书，也可以读一些其他类型的书。他人的经验和言语，可以让职场妈妈在面对死胡同时，找到自己从没想过的出路。

5. 学习让爸爸参与的艺术

许多职场妈妈都知道夫妻要共同育儿、一起分担家务的道理，但为什么还有那么多的职场妈妈觉得"蜡烛两头烧"？《简单生活》杂志的调查发现，妈妈们无法真正放开手，让爸爸们参与的原因，是她们觉得另一半不按自己的标准及流程处理家务、照顾孩子。时间久了，妈妈们不自觉地揽下太多家庭琐事，即使她们知道自己需要休息，也还是会强迫自己，完成家务及育儿工作。

调查也发现，妈妈们带着孩子参加亲子活动的频率，比和朋友看电影的频率还高；爸爸们却较容易放下老婆、孩子，参与自己原本规划的休闲活动，而且也不会产生罪恶感。

"男人是目标导向的动物。"已成为爸爸的曾阳晴说。当追到女朋友，以及女朋友成为老婆后，男人会认为他的阶段性任务已经结束了。做家务、教育孩子，老婆应该都会好好经营，而自己，该去寻求下一阶段的目标：升迁、养家。

即便如此，这并不代表男人不愿意分担养育工作与家务，无论爸爸们是认定男主外、女主内的大男人，还是希望老婆既能负担生计、也能照顾好家庭的男人，只要妈妈们能掌握技巧，都有机会让爸爸参与育儿工作及分担家务。

首先，妈妈们一定要有个认知：男人对于自己无能为力的事情，唯恐避之不及。多数男人，从小被教导'男人不能下厨房'，就算他心里想帮忙，但有时他是真的不知从何处帮起。好不容易鼓起勇气做了一点，又被老婆嫌弃和唠叨，干脆不做了。因此，要让爸爸参与家务活动，不能要求他一次做到位，而是要循序渐进，像对待孩子般，一点一滴地教他。例如下厨，曾阳晴建议，先询问另一半晚上想吃什么，接着邀请他陪你一起去买食材。在买菜的过程中，爸爸们就会学到"原来我想吃的菜，需要这些食材"。

另一个诀窍是，给予"具体的任务"。很多妈妈出门前，只交代了一声：帮忙洗碗和照顾孩子。这对爸爸来说其实是模糊的指令，可以调整的空间太大。于是，妈妈回家后常发现，孩子的家校联络簿没签，碗洗了，地板却湿了，结果妈妈自己还要善后，于是又开始唠叨老公。

所以，请给予爸爸们明确的指示，告诉他，在你出门的这段时间，请签好孩子的家校联络簿，把碗洗干净后，也顺便把地板收拾干净。必要时，甚至可示范一次流程给爸爸看。日子久了，爸爸们体会到自己在家庭中并不是那么"无能"，自然就更乐于参与家务活动与育儿工作。

亲爱的陀螺妈妈们，每天总是转得头昏脑涨吧？不妨就从这五招开始，让自己的生活节奏慢下来吧！

人物故事

陀螺妈妈苏倩慧（台湾微软资深云端通路行销经理）

掌握抽离与遁逃的艺术

台湾微软资深云端通路行销经理苏倩慧，结婚7年，生了3个孩子，受访当天，最小的孩子才7个月大，还在吃母乳，老大也才6岁。在节奏快速、竞争激烈的IT行业上班，她承认她的情绪难免会受到工作、家庭的双重影响。但她也说，幸好自己是职场妈妈，当她在职场不顺心时，回到家忙孩子的事，很快就冲淡了工作中的不如意；而亲子关系的冲突，也在她专注工作后，有了新的心境去面对。

摄影｜杨焕世

对她来说，她可以在工作与家庭之间相互遁逃，当她遭遇职场的瓶颈时，反而不会一直陷在抱怨工作的情绪中。

对于迅速抽离负面情绪，苏倩慧还有一招——读小说。

她家里有两个书房，书柜里摆满了各种题材的小说，大陆言情、日本文学、悬疑侦探……朋友都知道她爱看小说，会主动寄书给她。读到一本好小说，她会疯狂地搜集同一作者或该主题的所有作品。

知道自己没办法靠专家说的“深呼吸，在心里按下‘暂停键’”就能转换心情，苏倩慧说：“在小说的情节起伏中，我会进入作者构筑的世界，很快我就能从上一个情境带给我的不快中抽离。”她随身带着小说，会刻意安排一个人的午餐，找个咖啡厅，边吃午餐，边读小说。

除了小说，她还会遁入网络世界。前阵子她迷上大陆热播的清装剧，连吸母乳时，她都想办法抓紧时间用手机看电视剧，后来又看了小说的原著。她在手机上安装了微博，开始关注男主角的动态。她说自己不是在追星，而是在观察大陆网友的留言，从你一言我一语的评论中，她可以了解大陆80后、90后年轻人的想法。

世界很大，苏倩慧的陀螺妈妈暂停术是：偶尔把心思从孩子身上移开，遁逃到一个你感兴趣的世界里。因为，除了工作与家庭，还有很多人、事、物值得职场妈妈去关心。

Jaguar 小姐
聊心事 1

崩溃的第一个月

我的女儿现在已经 4 岁了，每次回想起坐月子那段时间，我就头皮发麻。

很多婆婆们、妈妈们只要听说你快生产或刚生产完，劈头第一句话就是："坐月子很重要啊！要好好坐月子啊！"接下来便纷纷提出各种建议，例如，多躺在床上不要动啊，不要做家务、提重物啊，不要碰冷水啊，不可以洗头、洗澡啊，擦澡一定要用煮过的水啊……

听起来很像皇太后的生活，是吧？茶来伸手、饭来张口的，还不用做家务。家里没人帮忙的，可以去月子中心；没人做饭的，有顶级月子餐配送服务。广告里都说：坐月子是女人一生的大事，月子若做好，健康无烦恼！搞得大家都觉得坐月子真的很舒服，只要吃和睡就好了。

我本来以为自己也可以舒舒服服在家坐月子，因为妈妈就住在附近，先生也一直在身边帮忙。我完全不用做家务，还订了两周超贵的月子餐，之后的三周则由妈妈每天送来爱心月子餐。即便如此，唉！我的月子却坐得好苦啊！但这苦完全是我咎由自取，事情是这样的。

产前几天，每隔几分钟就袭来的阵痛，已经让我连续 3 天无法睡觉。产后住院的那 3 天，我每隔 2 小时就被叫下去喂奶，在闹哄哄的病房里也无法好好休息。所以当我们带着女儿出院时，我暗自窃喜：终于可以回到舒服的家，躺在我那柔软的大床上，好好睡一觉了！

然而我错了，事情根本没有想象中那么简单。

很早以前我就决定一定要让孩子吃母乳。我是个没吃过母乳的孩子，由于是第一胎，妈妈说她当时不知道自己为什么没有奶，所以我是一路喝奶粉长大的。

我总觉得自己小时候没有得到母乳的抗体与营养，有点缺憾，因此立志以后一定要喂孩子母乳。为了准备母乳喂养，我老早就开始研究如何克服无奶、胀奶、乳腺炎等问题。怀孕 37 周开始按摩，疏通乳腺；备产包里也准备了疏乳棒，好让我在产后第二天胀痛时立刻派上用场；生产后，医院也立即让我喂奶，且每隔 2 小时就喂一次。皇天不负苦心人，女儿很顺利地喝到了奶水，而我也没有出现乳腺炎的问题。

回家后，作为新手爸妈的我们手忙脚乱地铺床，学习如何穿纸尿裤（很仔细地读完说明书）、穿衣服（新生儿的脖子与手脚都软软的，要用衣服去穿她而不是让她来穿衣服）、擦洗脐带（先用浓度为 75%的酒精，再用浓度为 95%的酒精，天哪，我好怕弄痛她）。妈妈不让我碰水，所以自愿承担帮婴儿洗澡的重责大任。那时候，女儿就知道睡觉，但几乎每隔一两个小时就哭醒了，她一哭，我就急忙喂奶、换尿布。

每次喂奶，无论白天、晚上或半夜，我一定会打开手机备忘录，记录她开始吃奶的时间，吃左边或右边、吃多久、几点结束，我把这些全都事无巨细地写下来。

根据备忘录，女儿一天喝 10~12 次奶，不分白天黑夜，每到 2 小时喝一次奶，每次最少 10 分钟、最长可达 1 小时，几乎是天天挂在我身上。喝奶的空档，她喜欢跟我玩一下，然后躺在我怀里睡觉，因为一把她放入摇篮中，她就会马上醒来，开始大哭。

看到这里，不知各位有没有想到：如果宝宝每隔一两个小时就要吃奶，一吃就是 10 分钟到 1 小时，而不喝奶时依旧黏在我身上，那我什么时候可以吃饭、洗澡、睡觉呢？（对，我坐月子的时候照样洗头、洗澡，别担心，我家 24 小时开暖气，连浴室都有暖气，头发也是吹干了才出浴室。）

答案是：几乎没有时间吃饭、洗澡、睡觉！即便女儿给先生或妈妈带一下，我还是要用百米冲刺的速度，快速地扒饭、冲澡、小睡一下。

各位别忘了，（老娘）我已经连续一星期（阵痛 + 生产 + 住院）没有好好睡上一觉了，没想到这 2 小时喂一次奶的噩梦，还得延续到家里来。我翻看当时写下的备忘录，那个月，女儿每天给我最长的空档不超过 3 个小时！也就是说，即便我能睡，最长也只能睡 3 个小时，而我又是个很难入睡的人，所以，我每次都是好不容易睡着了，马上又被吵醒。

极度疲劳又无法好好休息的感觉，真的，非、常、痛、苦！怀孕休假时好不容易消去的黑眼圈，一星期的时间马上又爬回我的脸上。我像打仗的士兵，身体已经受伤了，却还得继续战斗，根本就是行尸走肉。

除了紧张、疲劳之外，每次我坐着喂奶，自然生产留下的伤口就隐隐作痛，而太过频繁地喂奶，导致乳头也破皮了，每次喂奶都是痛苦的折磨（上面痛，下面也痛）。此外，有几次深夜，女儿突然无来由地大声号哭，怎么哄都无法让她平静下来，强烈的挫折感让我万念俱灰，好想把她丢在床上，撒手不管了。而我先生因为是美国华侨，不懂中文，所以我还得利用得来不易的空档研究女儿的名字，好快点去报户口及办健康保险……

回忆坐月子那段时间，我唯一的记忆就是：好累，非常累，超级无敌累。客厅的那张 La-Z-Boy 摇椅，是我一天待的超过 15 个小时的地方。

那一个月，我几乎没有出过门，日日夜夜照顾女儿，满足她的任何需要。我勉强撑着，用意志力驱使着自己，只因我一心想给小宝贝最好的照顾，却忽略了自我身心的极限。于是，极度疲劳的我，经常对来帮忙的妈妈不耐烦地大声说话，我也经常为了一点小事就看先生不顺眼，甚至对女儿大声咆哮。

某个晚上，我忍着尿意喂完奶，把女儿交给先生，赶忙冲进洗手间，结果女儿在门外大哭，没上完厕所，我又急急忙忙冲了出来。20 天没有好好睡觉、忍耐到极限的我，忍不住对还是新生儿的女儿大吼："你到底怎么了？我去上一下洗手间也不行吗？”女儿被我的声音吓到，愣了一下，然后哭得更大声。

妈妈知道我的个性，也了解这是非常时期，所以一直容忍着我，但先生就完全不能理解了。他要我别对女儿吼，因为女儿还什么都不懂，他也抱怨，自己已经做了所有家务，为什么我还不满意？然而我心里只想着我好累，我真的好累，我好想休息，但没人可以帮我。

他委屈，我也委屈，最后我们大吵一架，把情绪全部发泄了出来。我把责任全揽在自己身上，不懂得求援，原始的母爱把我推向崩溃边缘，怪不得谁。

大吵一架后，我恍然意识到这是自己的完美主义在作祟。我总想着只有自己才能办好所有事，就把事情全揽到自己身上来。我以为只有我能喂奶、只有我能哄婴儿、只有我能换尿布、只有我能陪婴儿玩，而当事情太多、兼顾不过来时，我又开始怪东怪西，甚至波及身边所有人。我真笨！没有人要我做所有的事啊！我可以开口寻求帮助，而不是把自己推到悬崖边，然后再大声咒骂全世界。

于是，我明白了，我应该好好休息，好好睡觉，没有任何一件事比这更重要！妈妈必须好好照顾自己，才有能力好好照顾孩子。一个母亲必须要冷静、理智、拥有好心情，这样孩子才会幸福。

一个牺牲掉自己全部的母亲、不懂得照顾自己的母亲，对孩子反而是一种压力，最后这些压力都会回到孩子身上。就像我一再忽略自己休息的需要，拼命燃烧自己，最后还是因为撑断了理智线，将所有压力向无辜的孩子倾倒一样。

有快乐的母亲，才会有快乐的孩子。现在想来，当初我应该：

好好躺在床上抓紧时间睡觉，孩子饿了，让人抱到床边，我来喂奶，喂完了抱走，让我接着睡。

孩子哭时要冷静，别因为想要快点终止哭声，而心急如焚、手忙脚乱地喂奶、换尿布、哄、摇、拍。

除非有紧急情况，否则就好好地把脸洗完、把饭吃完、把尿尿完。婴儿的哭泣是本能，别扩大事态，徒增不必要的压力。

别只顾着施予母爱，却忘了自己，多关心自己，注意自己的极限，不要把自己逼到崩溃边缘，否则只会让大家都跟着倒霉。

等孩子吸吮乳头没有问题时，尽早让她学习使用奶瓶。很多婴儿可以既吃母乳又喝奶粉，悠游于两者之间毫无问题。

如果婴儿接受奶瓶，晚上就可以由爸爸负责起来喂奶，让妈妈有至少 5 小时的连续睡眠时间，也让乳头可以休息一下，以免乳头受伤引发更多问题。

以前，我很认真遵循“妈妈教室”的耳提面命：为了避免乳头混淆（指新生儿因为吸吮母亲乳头之前先吸吮了奶瓶，或者频繁使用奶瓶，而不会吸吮或不愿吸吮母乳的现象），满 3 个月前不让婴儿碰奶瓶。然而实际经验告诉我，太晚让婴儿接触奶瓶，婴儿就完全不接受奶瓶了。由于女儿完全不接受奶瓶，导致我根本无法休息，这种只顾孩子、不顾妈妈的思考模式，现在想来实在荒谬。母乳很好，没错，母乳喂养很好，没错，但没必要矫枉过正，这根本是罔顾妈妈的人权，牺牲妈妈的健康与好心情，不断在妈妈的角色上加诸各种压力，其结果到底成全了谁？

最后，每天晚上舒服地洗个澡，用乳液把全身好好按摩一下。别理会那些坐月子不能洗头、洗澡的习俗吧！以前与现在的生活条件已经完全不同了，只要确保自己不会着凉，我们应该让自己每天都香喷喷的，每天都过得舒舒服服。怀孕 9 个月，妈妈已经很累了，如果连头跟澡都不能洗，不是太辛苦了吗？我们应该在这一个月里更善待自己，之后才能心情愉悦地照顾小宝贝。

我的第一个月崩溃了，但现在的我更理解自己，也更懂得通过调整生活来减少压力。我们无须追求完美，更别等到受不了才求援，这是我学到的“坐月子压力管理”。往后的育儿之路，在不同阶段会有不同的压力，虽然烦恼的事有所不同，然而好好照顾自己永远是我们的责任。

孩子不会因妈妈偶尔给自己放个小假而出什么差错，相反，一个容光焕发、心情放松的母亲，才能与孩子一同享受生活的乐趣。

妈妈吃好、睡好、心情好，全家都高兴。

戒吼第 4 天

文 | 李宜蓁

职场妈妈，跟罪恶感说拜拜

职场妈妈遇到工作和家庭冲突时，很容易启动罪恶感模式，
脑袋分裂地想着：若能回家全心带孩子该有多好！
但其实，职场妈妈或许不知道，自己有许多没发现的育儿优势。

傍晚 6 点半，会议议程才进行到一半。与会的妈妈们开始隐隐骚动，频频瞄向手机或手表，赶紧发信息给老公，让他去接孩子，否则今天又要让孩子变成托管班最后一个回家的人。而且刚刚老板在会议中还提到周六要加班，眼看恐龙展都快结束了，真不知哪个周末才能带孩子去看。

好不容易拖着疲惫的身体回家，发现孩子的作业还没写，老公在看电视剧《武媚娘传奇》，桌上散落着炸鸡骨头和装披萨的盒子……

职场妈妈面对天平两端的家庭与工作，如何才能找回生活的主控权？《亲子天下》归纳亲子育儿专家与资深妈妈的意见，综合成以下三点，希望能帮助职场妈妈，让职场妈妈既能保有妈妈以外的"自我"角色，活出属于自己的精彩，又能成为孩子的最佳榜样。

一、每次只做一件最有意义的事

职场妈妈其实有很多育儿优势，但首先要做好"选择与放下”的功课。长期投身于亲子育儿咨询的友缘基金会执行长廖清碧说，职场妈妈常有时间不够用、事情做不完的困扰，主要是因为她们“太想同时扮演好所有角色、满足所有人的需求”，结果势必分身乏术。她建议，职场妈妈应该先列出“妈妈必须做到哪些事”的清单，然后从中选择一项最有意义的去做，其他的就先放下。

二、学会授权与分工

美国《简单生活》杂志曾针对一部分妈妈进行过调查，半数受访的妈妈抱怨她们几乎没有自己的时间。这其中有三分之一的妈妈表示人生总是一直被打断（工作、家务、育儿轮番发生作用）；同时也有高达三分之二的妈妈表示，工作并没有打断她们的人生，反而是家务和育儿工作经常打断她们的人生，问题出在妈妈们通常不愿将家务和育儿工作分摊出去。

正因为时间有限，所以妈妈们要采用最有效的持家方法。妈妈犹如家庭的“经理人”，必须拥有观察家人特质、适当分工，并串联整合外部资源的能力。

台湾远流出版社出版二部总编辑黄静宜在大儿子念高中时，为了重新寻找自己的人生方向而想报考研究生。为此，她特地召开家庭会议，告知家人在未来几年内，妈妈下厨和全家旅游的次数都会变少，需要大家互相协助做家务，同时把爷爷、奶奶、姑嫂妯娌都拉进来一起帮忙照顾家人，寻求所有人的体谅与合作。

三、把工作当作“缓冲”和“补给”

刻板印象中职场妈妈的局限性，其实只要转个方向，换个心态，往往能转化为妈妈“借力使力”的绝佳工具，甚至还能借工作帮孩子拓展视野。

正因为职场妈妈时间紧迫、没工夫盯人，所以亲子之间才有机会保持适当距离，这样，既能减少孩子的压力，也有更多机会培养孩子独立自主的能力。如有些职场妈妈说，她们忙到几乎没办法帮孩子把作业送到学校，但也因此让孩子知道无人能依赖，从而及早启动自我管理机制。

职场妈妈的职场生涯，看来好像“吃掉”了许多育儿时间与资源，然而无论上班与否，健康妈妈的秘诀都在于努力“保有妈妈以外的角色”，以及“与家庭以外的人保持联结”。

日本花丸学习会讲师高滨正伸认为，日本许多全职妈妈都处于孤立无援的处境，连吐苦水、舒缓心情的对象都没有。他主张，职场妈妈不但可以增加家庭的经济收入，让生活更宽裕、让自己握有经济自主权，还可以与孩子谈谈自己丰富的社会经验，刺激孩子思考未来的人生角色和目标。让孩子看见妈妈认真工作的身影，这对其社会化过程有莫大的帮助。

富兰克林证券投资公司研究部主管卢明芬则认为，当妈妈的难度其实比完成工作的难度更高。与事事都需自我摸索的育儿工作相比，职场工作更能让她展现自信、发挥所学、补充能量，也

戒吼便利贴

父母情绪失控在所难免，但最重要的是不能用言语污蔑孩子，同时更要让孩子知道，父母其实非常爱他们。

使她不与社会脱节、获得成就感，她可以把职场上解决问题的逻辑带回家，找到让育儿工作不触礁的方法。

在出版业工作的黄静宜也说，工作上难免有疲惫的时候，细心的女儿经常能察觉到妈妈的情绪，她就借机与孩子分享心情，问问孩子的看法。身为妈妈的她反而经常能从孩子那里得到能量，让情绪得到纾解；孩子也能借此认识一个有真实情绪的母亲，而不是血泪全往肚里吞的苦情母亲。

妈妈是全家人情绪的中心，但处理不好，也可能成为家人情绪的暴风眼。因此，职场妈妈更要稳住自己的节奏，只有这样，才能为家人带来更多幸福。

戒吼第5天　　文｜宾静荪

日常坏情绪和暴脾气，速速退散

虽然知道只有把自己照顾好，才有心力照顾家人，但在日常生活中，面对“平时”累积着的坏情绪与“战时”的激烈冲突，该如何化解？

许多家庭，三天两头便上演着类似的亲子冲突戏码：

儿子总是把家里弄得乱七八糟，而且从来不主动整理，非得等到我恐吓威胁、大发脾气时，才心不甘情不愿地去整理。

我要出差的前一天，忙得不得了，女儿却跑来问东问西，还顶嘴，我就给了她一巴掌，那是自她出生以来我第一次打她……

你是否已经厌恶了恶性循环的亲子冲突，也愿意从自身着手开始改善它呢？《亲子天下》综合心理师、亲子育儿专家给出了排解情绪的建议，为妈妈们提供消气良方。

生活日常情绪照护法

在日复一日的忙碌生活中，若能提升日常生活中的“小确幸”，就有机会减少发脾气的次数。建议妈妈们可以从以下两个层面着手，稳定自己的情绪堡垒。

心理层面：觉察自己的情绪

★ 每天写情绪日记、月经日记，持续记录一两个月，找出自己的情绪周期。

心理咨询师曹淑华建议，将情绪、事件、月经、天气等项目列表，标上日期，然后每天给自己的情绪打分，了解自己容易受到哪些事件的影响。

每天给自己5分钟，安静下来，把精力放在自己身上，感受“今天我觉得怎么样”。特别是在亲子冲突后，更要静下来问问自己：“我在气什么？”“我对孩子的期待来自哪里？”有时，怒气会与自己的期待、童年的缺憾、未能满足的需求有很密切的关系。善待自己并不是自私，而是只有把自己照顾好，才有心力、能力照顾别人。

★ 通过填写压力指数自我评估量表（见第55页）、经前症候群自我评估量表（见第56页），认真看待它们的参考价值。萧美君提醒大家，必要时请寻求专业支持，焦虑症、抑郁症是可以治疗的。

把自己的压力源一个一个写下来，看看有没有改变的可能。认清自己的个性、极限、能力、缺陷、不满足，排列出生命中的优先级，然后接纳你做这些选择的后果。练习正向思考，有时，改变想法就可以改变情绪。

★ 与负面情绪共处，并为自己的负面情绪找到出口。负面情绪是一种信号，背后有一层更深的语言，去了解那种语言，从心出发去体会、去接纳，去理解自己的愤怒和焦虑。例如，你因孩子讲了一句话而伤心，弄清楚伤心的原因并不见得你就不再伤心，但至少可以知道事情的来龙去脉。

找倾诉对象，把情绪释放出来，也可以用各种个人的方式，如写日记、写博文或祷告等，找到支撑或宣泄的方式，有支撑才有力量。

生理层面：照顾好自己的身体

★ 人拥有健康的身体，心情就会好，就有精力去应付生活琐事。记得平时要吃得简单，睡个好觉，也一定要运动。

运动时，人的身体会释放内啡呔（endorphin），让情绪有正向的、快乐的感受。各种简单的、不需大费周折的运动都可以，例如，戴上计步器，每天走一万步，而且越累越要运动。

★ 开发自己的五感，从摆放赏心悦目的小东西、欣赏大自然风景的视觉享受，到聆听某段乐曲的听觉享受，再到喷洒精油的嗅觉享受，这些感官享受都有助于转换心境、稳定情绪。

★ 压力管理最直接有效的方法就是腹式呼吸法。通过这样的深度呼吸，几次下来便能减少脉搏跳动的次数，舒缓紧张的心情。想象你的肚子是个气球，用鼻孔吸气时，肚子慢慢鼓起来，吸满气时，停一下，然后再慢慢将气从嘴里呼出来。

★ 泡脚或泡澡也是许多专家建议的简易居家放松法。把自己泡在浴缸里，完全不要想工作、孩子。闭上眼睛，享受 20 分钟完全属于自己的时间，感受水流在身体上缓缓而行的感觉，让身心达到完全的放松。

压力指数自我评估量表

亲爱的妈妈们，来检查自己的压力指数吧！请回想一下，自己在过去一个月内，是否出现过下述情况？（计分方式：从未发生计 0 分，偶尔发生计 1 分，经常发生计 2 分）

以下情况是否符合您最近一个月的生活状态？请依据发生频率，计算出分数吧！	从未发生	偶尔发生	经常发生
觉得手头工作太多，无法应付。	0	1	2
觉得时间不够，所以要分秒必争。如过马路时闯红灯，走路或说话的节奏很快。	0	1	2
觉得没有时间休息，终日惦记着工作。	0	1	2
遇到挫折时，很容易发脾气。	0	1	2
担心别人对自己的工作表现评价不佳。	0	1	2
觉得亲友和家人都不欣赏自己。	0	1	2
担心自己的经济状况。	0	1	2
有头痛、胃痛或背痛等毛病，且难以治愈。	0	1	2
需要借助烟酒、药物或零食来抑制不安的情绪。	0	1	2
需要借助安眠药才能入睡。	0	1	2
与家人、朋友或同事相处，会让你发脾气。	0	1	2
与人倾谈时，会打断对方的话题。	0	1	2
上床后觉得思绪起伏，牵挂很多事情，难以入眠。	0	1	2
工作太多，无法把每件事情都做到尽善尽美。	0	1	2
空闲时轻松一下也会觉得内疚。	0	1	2
做事急躁、任性，而事后往往感到内疚。	0	1	2
觉得自己不应该享乐。	0	1	2

计分结果与分析：

1 ~ 10 分：您的压力指数还在能负荷的范围之内，但还是要多关注自己的身心状况，时时检视是否有变化。

11 ~ 15 分：压力已经成为您的困扰，目前虽然您能勉强应付，但必须学习压力管理。要多给自己一点时间与空间，也建议您与良师益友多谈谈。

16 分或以上：您的压力已经大到有点严重了，建议去看精神科医生，由心理健康专业人员进行深度评估，接受适合自己的治疗，让身心尽快稳定下来。

资料来源 |《一生的健康与自在：从女孩到女人都该拥有的身心健康指南》，萧美君著，天下杂志出版。

经前症候群自我评估量表

月经周期：__________________

上次月经日期：__________________

以下各题请结合你月经来临前一周的状况，选择最接近你感受的分数。

0 表示无症状

1 表示有症状但不影响生活

2 表示觉得已经影响到自己的日常生活

3 表示已严重影响到日常作息与生活

自我评估内容	没有症状	不会影响生活	略有影响	严重影响
易怒或容易因为小事生气。	0	1	2	3
心情会突然转变或起伏不定。	0	1	2	3
比平常紧张，烦躁不安。	0	1	2	3
对日常生活与工作提不起精神。	0	1	2	3
心情较沮丧或悲观。	0	1	2	3
容易失控或是有快崩溃的感觉。	0	1	2	3
注意力不集中。	0	1	2	3
身体水肿或腹部胀痛。	0	1	2	3
乳房肿胀或疼痛。	0	1	2	3
爱吃或喜欢吃特定的食物，如甜食等。	0	1	2	3

计分结果与分析：

建议：若有 5 个单项超过 2 分以上，可能患有严重经前症候群，宜寻求专业医生的帮助。

资料来源 |《一生的健康与自在：从女孩到女人都该拥有的身心健康指南》，萧美君著，天下杂志出版。

冲突当下有效沟通法

从基本的行为层面来看，若想建立良好的亲子关系，最重要的是父母要避免质问孩子，而是开启与孩子在心理层面的分享。

回想自己每日与孩子的对话，如果去掉类似“功课写完没？”“钢琴练了吗”“数学考得怎么样”“有没有被老师骂”等质问，你和孩子的对话还剩多少？如果你把孩子当成可以分享的朋友，就会很自然地聊起自己的生活琐事和心情，孩子也会慢慢学着与你分享。父母也可以创造聊天情境，如下午茶时间或者利用亲子互动的玩具或游戏，增进亲子感情。

亲子间很难完全没有冲突，在冲突当下，请记得先给自己以下两个提醒。

1. 如果面对的是大人，你会用怎样的语言和态度跟他讲话？因为你对大人讲话的方式，不同于对孩子。当你有了这层思考，就不会过度使用权威，就会少一些“上对下”的口气或态度。

2. 如果说不出好话，就不要说话。伤人的话一旦出口，就要花很长时间修补。

3. 如果你实在很愤怒，非表达不可，请善用以下四个原则，吵个“有用的架”。

原则 1　避免用“你”当主词

台湾淡江大学教育心理与咨询研究所教授柯志恩回忆，从儿子五年级起，她们母子就经常起冲突，场面火爆但完全没有建设

> **戒吼便利贴** 足够好的父母，能够及时觉察并以恰当的方式处理自己的负面情绪。譬如在烦躁和愤怒的时候可以找人接手或暂时离开现场，冷静一下。

性，导致两人的关系极端对立。她发现自己常用"你"当主语，以"你怎么都不……""你总是……"来开头，很容易变成指责，而且声音大、语气冲。儿子最常用的反驳是"你不是我，你怎么知道我怎样？"所以后面要讲的重点完全没有用。

主攻心理学的柯志恩后来就提醒自己，沉住气，学着用"我"当主语，"我觉得……""我怕……""我想……"，来表达内心的感觉和愤怒，来表示自己的想法——而不要站在自己的主场去揣测子女的想法，这样不易遭到孩子的否定。

"我一点都不压抑，即使很生气，也会很清楚地陈述我的想法。"她说。当双方都用"我"来表述时，就开启了亲子间的对话空间，言辞、语句就变长了。"亲子之间的矛盾，只要孩子愿意讲出来，即使冲突再激烈，都可以解决。"柯志恩回忆这段经历时，发现自己之所以能与青春期儿子这样对话，在于她与儿子从小建立的良好亲子关系，她也终于找到既不委屈自己又能与儿子沟通的方式。

原则 2　把行为与人分开

父母可以对孩子进行严厉地批评，不是不能生气，但要清楚地让孩子知道，你因为什么生气，不要让孩子产生“自己不够好，爸爸妈妈不喜欢我”的想法。

你可以批评孩子，如没整理房间、没写作业等行为，但父母通常会翻旧账，“你怎么搞的？昨天已经讲过了，今天又这样，你要我讲几遍”？孩子只接收到了父母贬抑的信息，却没有接收到父母希望自己改变某种行为的信息。

写过数十本亲子育儿书籍，担任世纪领袖文教基金会执行长的卢苏伟建议，父母应该就事论事。如果孩子忘了带作业本，你可以说：“昨天你忘记带作业本，我提醒你一次，老师也提醒你一次，今天又忘了。妈妈很难过，因为你没有重视我的关心和感受。”这就是一种区分人与事，且又明确表达信息的生气方式。

原则 3　因果要一致，让孩子学习对自己负责

父母最重要的教导，在于让孩子从生活中学到经验，让他为自己的行为承担后果。有效能的父母会定好规矩，几次因果示范后，让孩子自己去觉察怎么做才对。

孩子吃饭太慢，父母可以在半小时后就把碗筷收走，而不是边催边骂，陪他吃 3 个小时。孩子没写作业，不是罚他不吃饭或扣他的零用钱，而是让他第二天去面对老师的处罚。孩子忘记准备好第二天上学要用的书包和衣服，就让他匆匆忙忙，晚一点出门，让他迟到。但我们通常的处理方式是用情绪去告诉他：“你看，昨天叫你收拾，你不收拾。”结果孩子莫名其妙地被修理一顿，就反击“我又没怎样，你不想带我去学校就算了！”反而激起亲子间不理性的争吵。

原则 4　沟通，再沟通

很多父母以为孩子小，不讲理，无法沟通，但亲子育儿畅销书作家汪培珽从自己和其他父母的经验中深刻地体会到，上小学之前，只要父母的耐性大过孩子，好好地跟孩子讲实话，就没有不听话的孩子。她曾经在医院里花了 40 分钟的时间，告诉当时 3 岁、拒绝打针的儿子为什么要打针、打针有多痛、痛的话哭多大声都可以，最后儿子不需要五花大绑，自愿挨针，而且哭声洪亮。

但是现在的父母“没时间、没耐性，也没有心理准备。”上小学之前，父母只用权威，大声跟孩子说话，十句话有九句在威胁、恐吓、利诱。汪培珽一针见血地点出：如果亲子间没有建立良好的沟通模式，那么亲子沟通的音量与分贝只会越来越高。

卢苏伟从亲身经验出发观察到，这一代的父母很茫然，“因为父母已经不再能用自己也被打过、被骂过，以及很粗暴的生命经验去对待孩子”。但是他很肯定，这正是一个父母学习成长的时代，消除自己的坏心情，其实就是一趟学习之旅、发现之旅。

你多久没有静静地看看孩子的眼睛？多久没有用力地把孩子拥在怀里？现在，立刻去做。柯志恩说：“我不是生个好孩子来养，而是生个孩子来让我变得更好。”所有的父母都应该感谢孩子，是他们让自己变得更完整。

戒吼第 6 天

文｜陈念怡

解压四要诀，哭过就好了

哭，可以排毒减压，还能释放负面情绪，甚至增进人与人之间的情感。

你多久没有好好哭一场了？把握解压四要诀，让你“哭过就好了”！

若把笑视为治愈他人的良药；哭，有时候则是一种自我疗愈法。

哭泣，是人类自然的生理反应，陪伴我们度过许多重大的、难挨的时刻。美国明尼苏达大学的一项关于“哭泣”的研究显示，好好地大哭一场，不但可以提升免疫力，还能降低愤怒和焦虑。想哭就哭，可以释放情绪，是自我疗愈的第一步。

根据这项调查，女性平均每周哭 1 次，男性平均每个月眼眶泛泪 1~4 次。每次哭多久，视情绪而定，从最短的 2 秒钟到最长的 42 分钟不等，女人的哭泣时间平均维持 1 分钟。过半数的人表示，哭过之后，心情会明显变好；然而有三分之一的人指出，哭过之后，感觉更糟，原因是哭泣的时间或地点不合适。

至于“哭点”则因人而异，“哭点”低的人，通常感受较细腻、同情心较强。科学家坦言，哭是最难在实验室监测的情感，目前对于哭的研究仍相当有限。

然而，从既有研究来看，学界仍有三大理由，建议妈妈们想哭的时候，大可不必强忍住泪水。

理由 1　排毒减压

"强忍住自己的眼泪，等于慢性自杀。"眼泪研究泰斗、明尼苏达大学生物学家威廉·弗雷（William Frey）如是说。眼泪的功效真的不可思议，秘密就在于眼泪中的化合物。

弗雷发现，因为剥洋葱等外力刺激流出的眼泪和受情绪影响涌出的眼泪，成分并不相同。"情绪眼泪"中含有浓缩蛋白质和压力荷尔蒙等，而这些有害物质会随着眼泪释放出来。弗雷指出，忍住不哭会加重高血压、心脏病和胃溃疡的发生率，甚至还有损脑神经。想哭就哭，不仅可以舒缓压力，还能帮助身体排出有毒物质。

理由 2　发泄情绪

有别于其他生物，流"情绪眼泪"是人类特有的能力。

美国天普大学心理学教授杰伊·埃弗伦（Jay Efren）指出，哭泣有时候单纯是一种放下包袱的发泄行为，因为人类的眼泪大多出自绝望或失落，是身体发出的求救信号。

从生物学来看，流眼泪是由副交感神经系统发号施令的，而副交感神经与情绪息息相关。虽然流眼泪未必能解决全部问题，却能舒缓压力。《纽约时报》记者用"眼泪是情绪的汗水"做了贴切的比喻。

理由3 建立联结

有些人把哭视为软弱的表现，但更多人选择从人性的角度来看待它。

以色列生物学家奥伦·哈森（Oren Hasson）指出，在一个人面前哭，意味着“我很信赖你”，能够让彼此的感情联系更加紧密。相较于其他方法，眼泪会卸下对方的心防，迅速得到共情响应，是相当有效的沟通工具。

在了解哭泣的研究与学理基础后，我们归纳出专家提供的“如何好好哭一场”的四要诀。

要诀1 找人陪伴

研究显示，社会支持的力量是关键。美国匹兹堡大学临床心理学家劳伦·毕斯玛（Lauren Bylsma）追踪发现，找一个亲近的人——不管是伴侣还是亲友，陪伴、安慰，哭后的感觉最佳。

要诀2 尽情释放

哭的强度和哭后的感受成正比，相较于小声啜泣或仅是眼眶湿润，放声大哭之后人的心情会明显转好。

毕斯玛解释，人们之所以轻声哭泣，多半是在压抑眼泪和情绪。她建议，假如你想哭，就让它自然流露吧！倘若想哭却哭不出来，专家建议，把焦点放在这件事带来的影响上，在脑海里构筑具体的画面及细节，有助于眼泪夺眶而出。

要诀3 适可而止

毕斯玛也提醒大家，哭泣一旦超过15分钟，容易耗损身

> **戒吼便利贴**
> 眼泪，是情绪的汗水，也犹如说汽车仪表盘上的警示灯。能好好地大哭一场，不但可以提升免疫力，还能减少愤怒和焦虑，是自我疗愈的第一步。

心，反而有害健康。其他专家也建议，一旦你的情绪得到缓解，就要从负面情绪中跳脱出来，例如离开现场，外出散步，以避免触景生情。如果你发现自己一直毫无缘由地想哭，甚至无法自拔，那就可能是抑郁症的前兆，最好找医生咨询。

要诀 4　找问题、想对策

研究也发现，人在哭泣的同时，如果能弄清楚究竟"为何而哭"，就会经历"认知转变（cognitive change）"过程，这将有助于恢复哭泣之后的愉悦心情。毕斯玛说："眼泪就像汽车仪表盘上的警示灯，提醒我们找出潜在的危机。"当你哭泣时，最重要的是找出问题的症结所在，寻求可能的解决对策。

过去，你总是对眼泪抱有成见吗？从现在起，我们都可以用更正面的态度去面对哭泣。

戒吼第 7 天

文 | 李宇欣

5 个好习惯，助你一夜好眠

相较于爸爸，许多心思细腻的妈妈更容易失眠，
5 个助眠好习惯，帮助辛苦的妈妈们一觉到天亮。

雯雯妈是职场妈妈，每天的生活都像在赶进度：做早餐、送孩子上学、上班、接孩子回家、准备晚餐、给孩子检查作业……到了睡觉时间，累得半死，躺在床上却毫无睡意。眼看时间一分一秒地过去，马上就要天亮了，却迟迟无法入睡，只好寻求精神科医生的帮助，通过安眠药解决睡眠问题。

小谦妈是全职妈妈，小谦上次期中考试倒退了 6 名，老公竟然说："你都已经不上班了，为什么还教不好孩子！"作为全职妈妈的她，压力大到喘不过气，只要孩子放学、先生下班，她的压力就开始不断增加，晚上根本睡不着。等到老公上班、小孩上学以后，白天反而可以补充睡眠。但这种作息混乱的生活方式，实在很不好受。

失眠，似乎已成为现代女性的通病。根据台湾地区睡眠医学学会的调查显示，台湾人目前平均失眠率约为 20%，即每 5 个人中就有 1 个人会失眠，主要集中在老年人与 25~39 岁的女性之间。台湾长庚医院精神科医生刘嘉逸表示，现代女性身兼数职、心思细腻，压力过大往往直接表现在睡眠上。根据临床经验，女性抑郁及焦虑的比例是男性的 1.5 倍，有时甚至是 2 倍。

临床心理咨询师，也是佳家人际智能开发心理治疗所所长的洪仲清说，医学上对失眠的定义是“入睡困难”，只要躺着半个小时睡不着就算失眠。倘若一周失眠三次或者连续失眠一个月，就应该寻求专业医疗机构的帮助。

大部分妈妈失眠的原因有两个：一是日常生活、工作、育儿的压力太大；二是在经期前后，因荷尔蒙的变化所导致的经期症候群。

许多遭受失眠困扰的妈妈会通过吃药解决睡眠问题。根据地方部门统计，最常见的安眠药斯蒂尔·诺克斯（Stille Nox），在台湾地区，一年就能被吃掉超过一亿颗，用量非常惊人。但也因为这款药物会有成瘾、难戒断等问题，再加上也可能会产生梦游等副作用，让许多失眠者却步。

面对失眠，其实还有许多不必用药的天然疗法。例如，利用睡前一小时的“入睡关键阶段”，为自己营造半小时的“My Time”时间，还可以自己制作助眠小物。

助眠好习惯 1　把握睡前关键一小时

刘嘉逸表示，睡前 1 小时是“睡眠准备阶段”，这个阶段应该尽量让自己放轻松，才会比较容易入睡。

台湾草屯疗养院精神科医生沈政男认为，现代妈妈的脑波从早到晚都处在巅峰状态，睡前应该强迫大脑关机 15 分钟至半个小时，可以从调整呼吸开始，慢慢减少焦虑。

例如，闭上眼睛，想象自己正在海边，看着蓝蓝的天空……反复深呼吸，肩颈也跟着一起放松。只要短短几分钟，就可以消除焦虑，等到情绪稳定之后，再开始自己喜爱的休闲活动，例如看半个小时的小说等。

不少专家会建议，失眠者睡前 1 小时内不要使用手机、电脑或电视等电子产品。但也有专家持不同看法，如刘嘉逸便认为，如果有的妈妈一定要看电视才能入睡，就不要强迫自己不看电视，以能让自己轻松入睡为最高原则。

助眠好习惯 2　穴位按摩 5 ～ 10 分钟

穴位按摩也有助于睡前放松紧绷的神经和肌肉。中医吴明珠给大家指出了 3 个助眠穴位，妈妈们可以在每个穴位按摩 5~10 分钟，力道不要太大，但按下去要有酸胀感才有效。

★ **神门穴：** 将掌心朝向自己，手腕边有一条横向纹路，并往小指一侧移动。在纹路的尽头，一条筋与横纹的垂直交叉点。

★ **百会穴：**身体坐正，头顶正中线与绕过头顶连接两耳曲线的相交处。

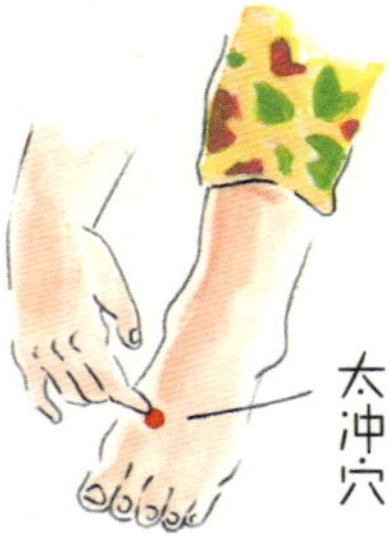

★ **太冲穴：**大脚趾与二脚趾中间的凹陷处。

插画｜吴孟芬

助眠好习惯 3　花草茶镇静神经

长年研究香草、药草，也是迷迭香花园首席执行官的郭姿均指出，花草茶与药物最大的不同在于，花草茶能舒缓紧绷的肌肉与神经，使人第二天起床不会有头痛或注意力无法集中的问题。常见的薰衣草有镇静神经的效果，其他如香蜂草、啤酒花、猫薄荷、荨麻叶、洋甘菊等，也有助眠的功效。

受失眠困扰的妈妈们可以选用具安眠效果、含有“缬草”（缬，音同“协”）成分的花草茶，但不建议缬草与安眠药同时使用，以免助眠效果过强。而且需要提醒的是，饮用缬草茶 6 周后必须暂停 1 周；倘若要做手术或未来三天需要麻醉，也不建议饮用缬草茶。

助眠好习惯 4　睡前吃助眠食材

中医吴明珠建议，妈妈们可以在睡觉前食用洋葱、豆浆、牛奶、香蕉等助眠食物，甚至喝点小酒也无妨。但要注意的是，喝酒必须选对时间，睡前 30 分钟至 1 个小时之内小酌才有助眠功效，倘若睡前 3 个小时就喝酒，到睡觉时反而酒醒了，精神会更兴奋。许多妈妈白天为了提神，不知不觉摄入了过多的咖啡因，晚上根本无法入睡。因此，受失眠困扰的妈妈必须对咖啡因进行“总量控管”，若白天喝了咖啡，晚上就尽量避免再喝茶类、可乐等。

助眠好习惯 5　自己制作助眠小物

睡前舒服地洗个澡，在床头摆上一只有助于睡眠的枕头，都是让自己睡前放松的方式。这些物品也不一定要额外购买，用简单的方法就能制作完成。

有睡眠困扰的妈妈们若能对睡前的生活方式做一点调整，多宠爱自己一点，就一定会摆脱总是“等不到周公”的困扰。

合上书，今日，祝你一夜好眠！

★ **安眠枕**

材料：洋甘菊 1 份、薰衣草 1 份、玫瑰花 1 份、啤酒花 1 份。

做法：将上述材料放入枕套中，再滴入 2 滴薰衣草精油。枕头会散发出香气，妈妈们一躺下即可闻到花草香，有安神助眠的功效。

★ **精油澡**

在温水中滴入 2~3 滴玫瑰精油和薰衣草精油，可减轻焦虑、忧郁，洗完澡，身上也会有持续的香气。

插画 | 吴孟芬

戒吼第 8 天

一个人的“逆生活之旅”

文｜王晓晴

你有多久没有照着自己的想法好好旅行？
来趟一个人的“逆生活之旅”，倾听自己内心的声音。

在沙滩上，你可以不必堆沙堡，不必跟着孩子跑来跑去，什么事都不用做，只要安安静静地坐着，看着大海潮起潮落。即使你晒得满脸通红，一点也不觉得累，心中有着极大的快乐与满足……

这样的感觉，是不是离你有点遥远？台北艺术大学共同学科助理教授许皓宜，有一年暑假给了自己两天一夜的宜兰海边散心之旅。她笑着说，那两天完全是“逆生活”而行。平常生活中该有的元素统统去除掉，没有老公、没有一双儿女，不用准备晚餐，也不必担心孩子吃饱了没、睡觉了没。“逆生活”而行，许皓宜重新找回自己过去的装扮：无袖小背心、镂空黑纱衣、牛仔裤、大墨镜……脸上也因为心情好，洋溢着青春的气息。

如果你也希望拥有像许皓宜那样的轻松自在，不妨为自己安排一次一个人的散心之旅。美国知名作家琼·安德森（Joan Anderson）在《好女人，跷家去》一书中谈到，碍于教养，女人大多会养成一种“无我”的行为模式——为了支撑起别人的生

戒吼便利贴

从摆放赏心悦目的小装饰、欣赏自然风景的视觉享受，到聆听某段乐曲的听觉享受，再到喷洒精油的嗅觉享受，这些感官享受都有助于转换心境、稳定情绪。

命，让自己活得单调乏味，而终其一生，才发现自己活得并不快乐。对此，许皓宜很有体会，她认为妈妈们的“散心之旅”是生活的养分。

心理学家荣格（C. G. Jung）的理论指出，人格发展臻于成熟的年龄，不在儿童期或青年期，而是在 30 岁以后的成年期。当 30 岁的你，拥有更多可选择的快乐时，晚年的人生才会更趋于快乐的那一端。但现实却是 30 岁的女人正值结婚、生子的黄金时期，多数女人因此放弃了自己最向往的人生追求，选择回归家庭，相夫教子，不知不觉中便缺了“为自己活”的快乐。

因此许皓宜建议，比起当一个完美的妈妈，当一个够好的妈妈反而会比较快乐。她鼓励妈妈们要善于承认并整合心底的光明面与黑暗面。譬如，你知道自己爱孩子，但有时候还是很想暂时放下他们，一个人过周末或与姐妹们共度周末；你知道自己很努力地在做一个好妈妈，却还是常常会脾气失控，为小事抓狂。

事实上，每一个平凡的妈妈都有这样的局限性，也需要找一个出口。

亲爱的妈妈们，你们有多久没有像过去那样装扮自己？为了照顾孩子，那些项链和耳环有多久没有拿出来戴过？多久没有看一场自己喜欢的电影？如果你也有这样的无奈，不妨为自己安排一趟散心之旅。无论是姐妹淘的下午茶还是两天一夜的小旅行，都能为妈妈们补充能量，让妈妈们恢复活力。偶尔也为自己安排一趟"找回自己"、让全家都更幸福的"一个人"的旅行吧！

人物故事

陀螺妈妈许皓宜（台北艺术大学共同学科助理教授）

为自己保留一块秘密基地

有一年暑假，在大学任教的许皓宜，果真背起了大行囊，只带了自己的衣服与 8 本书，一个人到宜兰海边民宿散心。许皓宜育有一子一女，由于先生外派印度，许皓宜平常是一个人带两个孩子。她每天要到台中教课，然后坐高铁奔回台北照顾孩子，"生活不仅忙碌，压力也很大，常常都觉得需要好好放松。"如今，她回到台北任教，暑假时，她决定对孩子放手，给自己散心。她第一次将两个孩子都送到高雄的

（图片提供｜许皓宜）

奶奶家住了3周，挪出一个人的空间，计划了只属于自己一个人的旅行。

“当时我一心一意要去看海。”许皓宜笑着说，于是她预订了靠海的宜兰民宿。走进客房，从窗户向外一眼望去便是蔚蓝的大海。推开大门，走出去就能踩在沙滩上。如今，看着当时的旅行照，许皓宜脸上仍充斥着女孩般的兴奋。

两天一夜的行程，许皓宜什么地方也没有去，什么事也没有做，甚至1本书也没有看，只是坐在海边，静静地看了15个小时的海。这15个小时对她而言，既深刻又难忘。她从一开始的兴奋，到后来心底不断有一个声音在说：“有多久没有认真看看自己？多久没有听听自己心底的声音？”许皓宜不自觉地流下了眼泪，也因为她哭了，宣泄了，反而让她又找回一股人生动力。那一刻，她笑着告诉自己：“一定要帮自己保留这个秘密基地。”

过了3个星期孩子不在身边的日子，许皓宜在接一双儿女回到台北的当晚，带着两个孩子在市区晃了3个小时。即使第二天要上学，她还是心情很放松地带孩子吃铁板烧与冰激凌。母子三人一路上说说笑笑，“我觉得亲子关系似乎又更进一阶了。”看到亲子关系的变化，许皓宜笑着说，妈妈们的散心之旅，其实也是孩子的散心之旅，彼此都能够从短暂的分离中，摆脱固定的生活模式，让自己喘口气，让身心更健康！

戒吼第 9 天

学习当优雅的女王

文｜施逸筠

女人羡慕她优雅利落，男人希望老婆和她一样时尚漂亮，身为两个孩子的妈妈，殷悦告诉我们，其实妈妈也有爱自己的权利。

摄影｜黄建宾

顶着美国洛杉矶华人小姐头衔、拥有加州大学洛杉矶分校（UCLA）大学学历、曾经是发片歌手、30 岁前嫁给事业有成的老公……的“人生胜利组”的她，曾经最大的重击是来自婚后 5 年求子不成的不孕阴影——这，就是殷悦。她后来终于顺利怀孕，一连生下两个女儿。过去许多人是从“歌手 Melody”的身份认识她的，如今许多人关注她，则是因为她身为妈妈的角色。

“当了妈妈之后，我内心才找到对自己的定位。”接受专访时，殷悦说起自己的转变。她说，过去的她总是很幸运，不用付出太多努力，就能得到她想要的，一路走来一切都像是理所当然的一帆风顺，“就连因为 911 事件没了工作，还可以领到一大笔钱”。但直到面临生孩子的问题，她才知道有些事情是得来不易的，要努力，也要懂得珍惜。有了孩子后，她更体会到：“这是我要努力一辈子的功课——当个好妈妈。”

从求子的艰辛、新手妈妈的试炼，到成为育儿达人，殷悦通过出版2本书、上广播和电视节目等，分享她曾经历过的尝试与错误，并在个人网站上拥有了近30万粉丝。在新书签售会上，许多挺着大肚子或抱着孩子、拎着奶瓶的妈妈们，在炎热的午后争相目睹她的风采。

许多妈妈说，尽管自己没有条件成为像殷悦一样的时尚妈妈，但她正面的态度、靓丽的形象，给读者提供了一个努力的目标。甚至有爸爸粉丝说：“希望我老婆可以像她一样打扮得漂漂亮亮，讲话利落、有条理。”尽管殷悦家里雇了一位保姆，但许多事情她仍亲力亲为。例如，她每天早上6点就被“人肉闹钟”——孩子唤醒，接下来就在为孩子准备早餐、接送他们上下学、赶通告、准备晚餐等琐事中团团转。老公一句“明天出差想带你做的面包”，就能让她忙到深夜，而有了孩子以后，她也不曾享受过睡午觉的休闲时刻。

“生活琐事很多，所以妈妈自己身心灵上需要保持正面的、健康的。”殷悦认为，就算只是做顿饭，完成一个忙碌的行程，也要把每件事情都当成一个小小的成就，正面迎接挑战。这样，自己就会很有自信，只要有了自信，就会变美丽。

戒吼便利贴

熟女吸引人的，不是胸大、腿长或颜值高，那些是20岁的辣妹所追求的。熟女散发出的自信，是这个年龄所具有的一种很舒服的女人味。

回顾自己20多岁时的年轻岁月，殷悦说，她那时刚回到台湾，便被包装成与自己的直率个性不相符的“气质歌手”，做主持、演戏也缺乏自信，无法从内心接受自己。反而是现在，尽管已经30岁，却在孩子身上找到了自己该努力的方向，也懂得了如何爱自己，所以她才会散发出迷人的魅力。

“其实，熟女吸引人的，不是胸大、腿长或颜值高，那些是20岁的辣妹所追求的。熟女散发出的自信，是这个年龄所具有的一种很舒服的女人味。”殷悦说，医疗美容再发达，保养品再丰富，最重要的还是女人发自内心的美和自信。

随着身份的转换，对于自己的穿着打扮，殷悦只有一个很简单的目标——不要变胖，不要变成黄脸婆。私底下的装扮就是以舒适、方便带孩子为主。“了解自己的本质，让自己舒服的穿着才是适合的。”殷悦说，她深知自然卷的蓬蓬头无法改变，就不去强求平顺有型的短发；“连网络上都可以买到很棒的时尚衣服！”也不需要追逐名牌服饰以及手表、耳环等饰品，选择适合自己的款式，既简单又能增加女人味。

殷悦的自信也来自教育孩子的摸索过程，她在讲求自由的美国长大，却推崇传统的长幼有序等礼节观念。殷悦深知没有任何一种“美式”“德式”“法式”育儿法则可以轻易套用、照本宣科，因此她采用中西合并的方式，并加入最重要的一点——观察。

她观察自己的两个孩子，发现姐妹俩的个性、气质完全不同，因此会给予她们不同的沟通方式。例如当 4 岁的姐姐捣蛋时，只要使个眼神就能镇住；但 2 岁多的妹妹不怕处罚，要适时 Timeout（离场），才能让她冷静下来。

“生了孩子就有责任教育好她们。”殷悦虽然这么说，但她也承认其实自己有很多事情是因为孩子才学会的。育儿过程中大人总有失控的时候，为了避免孩子内心产生“爸妈每天都骂我”的创伤，就一定要学会在事后进行有效的沟通。

为了孩子而让自己变得更有耐心之后，也改善了夫妻关系，因为你也愿意付出更多的耐心给另一半。“闭嘴、放空、微笑是我最近的新体会，遇到老公或孩子做出我当下无法忍受的事时，只要闭嘴、放空、微笑，很快就会过去了。”这是她分享给大家的经验。

殷悦说，现代妈妈每天接收太多网络信息，加上必须一人分饰多角，生活变得丰富，却也很焦虑，所以更要保留空间给自己，保有自己的生活态度，懂得爱自己。“稍微把标准降低一点，不用像婚前那样追求完美，例如工作上可以不用总想当总经理，当个经理也很好啊！”在家庭经营上，妈妈们适当地散心，与朋友或另一半一起培养共同的兴趣。从求子心切到身为人母，再到成为时尚妈妈，殷悦的心得是：放手之后，反而收获更多。

Part 2

婚姻不气爆

搞定婚姻，育儿加分。

孩子不应是夫妻关系中的第三者，老公也不该变室友！

让夫妻牵手相依的背影，成为孩子学习爱与亲密的第一堂课。

戒吼第 10 天

文｜王晓晴

妈妈，你也有“情绪地雷”吗？

你是否常因为另一半不经意的一句话，顿时大发脾气？

了解并认识到自己有哪些“情绪地雷”，对维系夫妻关系将有正面帮助。

老公下班回家，问了一句：“需要我‘帮’你照顾孩子吗？”或是：“‘你儿子’的作业怎么都还没写啊？”如此简单的两句话，却可能让忙得团团转的妈妈们，立刻一把火直冲脑门，如同地雷爆炸般大发脾气，甚至怒回：“为什么说‘我帮你’？什么叫作‘你儿子’？孩子难道是我一个人的吗？”

其实，无论是全职妈妈，还是职场妈妈，每天都像陀螺一样，围绕着孩子、先生、家庭（职场妈妈还要忙工作）转来转去，不仅少了整理自我思绪的时间，精神也常处在紧绷状态，老公简单的一句话，都可能误踩老婆的“情绪地雷”，让她们立刻“原地爆炸”。

大家不免好奇，为何一句简单的话会成为妈妈的‘地雷’？友缘基金会副执行长黄伦芬笑着说，自己也有许多‘地雷’。她发现，内心的理想图被破坏，是许多妈妈容易被激怒的一大关键。

女人出嫁前，总会为自己画一张未来家庭的理想图，她们想象的画面多是一对恩爱的夫妻面对面站在一起，携手弯腰、低头照看着属于他们的家庭与孩子。

于是当老公说出“我帮你”“你儿子”等字眼时，老婆觉得老公破坏了她的理想图，因为她赫然发现原来自己跟老公不是站在一起的。老公是家庭城堡里的国王，而她却不是王后，她只是国王与王子或公主之间的传令兵、王子或公主的保姆，念头一起，负面情绪就会随之而来。

地位落差的“不平等”感受，也会让老婆心里的委屈直线飙升，当老公说“我这星期上班好累，我今天下班要跟同事去唱歌，彻底放松一下”或听到“今天你自己去接你女儿，我要跟大学同学聚餐”时，原本大度的老婆也会跟着低语：“我不累吗？为何你不问问我今天工作忙不忙？我有没有办法一个人接孩子？你说一声就可以去唱歌、去聚餐，为什么我却要先安排好孩子的去处？”

这种不平衡感在全职妈妈身上更容易出现。全职妈妈的生活被孩子与柴米油盐酱醋茶完全占据了，几乎没有自己的时间，就连想出门逛街，都要先问过老公或家人有没有空。有时买菜经过办公大楼，她们也会羡慕那些穿着时尚得体的粉领族，心想为什么我不能如此？

然而，职场妈妈也会羡慕没有家庭负担的女同事。因为她每天的生活是要赶着晚上 6 点下班后到托管班接孩子；又要赶着回家煮饭、洗碗、洗衣服；然后抓紧时间，在 10 点前让孩子洗完澡、听完故事、上床睡觉。这时若老公再问一句："你怎么没去洗衣店把我的西装拿回来？"难免就让老婆理智线断掉，忍不住大喊："我的人生也太累了！"

在多种情绪夹杂之下，加上现实的忙碌与劳累，旁人听来根本微不足道的一句话，都会成为妈妈的"情绪地雷"。

然而，不断地"引爆地雷"、争吵，只会磨损家庭成员之间的感情。妈妈们也要试着体会，为何老公、家人会说这些话或会有这些行为？"也许跟他们儿时生活的原生家庭有关。"本名魏玮志的亲子育儿博主"泽爸"指出。

他通过观察周遭例子发现，许多男生小时候，家里所有事都由妈妈处理，连爸爸有话跟他说，也都是通过妈妈传达，L 型的沟通方式就此深植在他们的脑海里。加上他们儿时接受的传统观念是"男主外、女主内"，即使是双职工家庭，他们也认为家务活还是应该由老婆负责。他们不自觉地划出了责任归属范围，而少了感性的体谅与协助。

譬如，有些爸爸觉得英文很重要，希望儿子每天背英文单词，但他的第一个念头不是自己跟儿子沟通，而是叫老婆跟儿子说。他认为既然我已经把这件事交给老婆负责，于是当儿子没有学好英语时，他就会怪老婆。

为了不伤和气，妈妈们到底该如何自处，才不会落入当时大发脾气，过后又懊恼不已的处境？黄伦芬和魏玮志为大家提供了以下方法，帮助妈妈们找到自处之道。

戒吼
便利贴

夫妻双方面对冲突时，要先处理心情，再处理事情。也就是先说出自己的感受，再去体谅对方的感受，最后再谈彼此的需求与期望。

自处之道 1　找到让你快乐的点

家庭、孩子是自己的，不是别人的，每位妈妈都要相信自己已经尽力做好了，也要试着找出能让你生活快乐的点。

当妈妈们拥有快乐时，才能以更健康的心态去面对别人的质疑。若妈妈们相信自己，就不太会被旁人的言语干扰或激怒。

自处之道 2　清楚说明感受

生闷气也没有用，面对“地雷语”，妈妈们一定要完整地表达想法，否则爸爸与家人可能一辈子也不会知道妈妈到底在气什么。

表达想法时，最好选在彼此都比较冷静的时刻，有时只辩驳说话内容不一定能达到效果，清楚、直接地告诉对方你的真正感受会更有效。

譬如，你得告诉先生：“我已经跟孩子沟通过了，只是你没看到，你刚刚讲这句话，让我觉得很难过，也让我觉得很受挫。”直言心情受伤，先生会更有感受。

自处之道 3　沟通家庭理想图

当家庭与婚姻的理想图被破坏时，建议你不妨找个风和日丽的好时机，与先生喝杯咖啡，一起讨论一下彼此期望的家庭模式，并重新构建彼此的理想图，让双方能够彼此尊重与互相配合。

"无可讳言，社会给予男人的期望与压力还是比较大的"，魏玮志直言，男人相对而言需要花费较大的心力去面对职场，担负家族的期望，"夫妻要懂得互相体谅，才不会一直出现剑拔弩张的场面"。

Tips

好老公看这里！

聪明说话，别让老婆不开心！

究竟哪些说话方式最容易误踩太太的雷区呢？《亲子天下》编辑从网站粉丝页的网友留言中，搜查到最容易惹怒家中女主人的"地雷语"，并提供对应的"排雷诀窍"，希望先生别再被炸得莫名其妙，太太也能常保好心情。

★ 威力百分百"地雷语"

1. 老婆你赶快去洗澡，我先"帮"你照顾一下孩子。

2. 隔壁张太太好厉害，自己带3个孩子，家里还整理得那么干净，为什么你只带一个，还没空整理？

排雷诀窍：听到这些话，许多妈妈的反应都是：孩子是我一个人的吗？既然是两个人共同组建的家庭，两个人就应该共同分担家务，拜托老公们，一定要戒掉"帮""你儿子""你到底"等相关字眼。

男人较为理性，有时只觉得别人有更好的方法，老婆为何不能学学？但别忘了，没有人喜欢被比较，若希望老婆做得更好，别忘了先体谅老婆的为难之处。若用商量、讨论的语气与老婆沟通，老婆会比较乐于接受。

请记住，与忙碌的陀螺妈妈说话，不要只有比较或批评，要有赞美。“老婆辛苦了，谢谢你煮晚饭，但明天我好想吃牛肉面，可以帮我煮吗”绝对会比直接跟老婆说“怎么又是这几道菜，可以做点别的吗”，来得好。

家应该是充满爱的地方，若充满火药味，无论是谁都想赶快逃离。多点理解与包容，少点斥责与比较，相信必能不再引爆老婆的“地雷”。

★ 全职妈妈“地雷语”

1. 我不懂，你每天在家有什么好累的？

2. 你怎么把自己搞得这么累，你在家可以自己找时间休息啊！

排雷诀窍：听到这些话，很多妈妈的内心都会出现这样的独白：“你以为在家带孩子很轻松吗？”其实教育一个人比做一件事更累人，全职妈妈的贡献很容易被忽视，这会让她们感到十分无力。其实家人只要说一句“辛苦了”“谢谢你的付出”“还好有你”，就会让全职妈妈获得更多动力。

★ 职场妈妈“地雷语”

是你自己要去上班的，就不要喊累。

排雷诀窍：人本来就有选择自己人生的权利，也都可以喊累。职场妈妈需要的，只是家人的共同合作或另一半的倾听，这样就足以让她们有力量继续往前冲刺。

戒吼第 11 天

文 | 许芳菊

感受冲突，亲密加分

父母可以送给孩子最好的礼物，就是让自己的婚姻幸福美满。检查自己与另一半的相处模式，让夫妻沟通不断线。

近年来，有关人际关系、情绪管理的育儿理论变得越来越热门，一些父母希望把孩子培养成人缘好、风度佳的"未来领袖"，还有一些父母会把孩子送到成长夏令营等，希望通过专家的协助，解决孩子在人际关系或情绪、行为上的问题。

亲子与婚姻咨询师廖清碧发现，这几年，孩子的心理问题越来越多的起因于父母的相处模式。"这些父母把孩子送到夏令营，希望可以把他们的孩子'修理'好，但很多时候，真正需要'修理'的，其实是他们的夫妻关系。"廖清碧感慨道。

廖清碧观察到，不少被送来参加夏令营的孩子，会出现两种极端状况：一种是举止很粗鲁，甚至出现暴力倾向，这类孩子会表现出"一切问题都是别人的错"。玩游戏时他们没办法跟别人合作，因为他们只在乎输赢。另一种孩子则显得退缩、畏惧，遇到事情只会坐在旁边哭，完全不知道该怎么处理。这样的孩子往往缺乏自信、不敢表达自己的想法。

应当避免的夫妻相处类型

会对孩子造成负面影响的夫妻相处模式究竟有哪些？为什么这样的相处模式会对孩子造成伤害？专家们归纳出以下四种值得警惕的夫妻相处类型。

类型 1　转移焦点的绕道型

这种夫妻相处模式最大的特征是：整个家庭绕着孩子运行。这种家庭表面上看起来风平浪静，没有太多的摩擦冲突，但夫妻关系却早已布满‘地雷’，一触即发。

为什么会这样？具有家庭婚姻与儿童心理咨询专业背景的黄国伦指出，当夫妻沟通遇到困难或出现问题时，由于害怕起冲突，夫妻常会“绕道而行”，也就是彼此都不正面面对夫妻间的问题，而是把注意力全部转移到孩子身上。这时候，解决孩子的问题或全力栽培孩子，就成为维持这个家庭运转的动力。

廖清碧也指出，当你对另一半有怨恨，又不能坦诚沟通的时候，就容易出现利用孩子来对抗配偶的状况。例如，有些爸爸老在外面不回家，妈妈就会跟孩子诉苦，将对另一半的不满发泄在孩子身上。或者，父母一方因为得不到配偶的关心，转而跟某个孩子很亲密，把孩子变成婚姻的“出口”，变得很黏孩子；或把生活重心都放在孩子身上，越来越忽略夫妻之间相处的重要性。

这种模式就是把问题一直做忽略处理，而被抛在一边的问题可能是任何议题，比如财务问题、夫妻亲密问题、婆媳问题、教育问题等。这些问题不断累积，等到孩子长大离家的时候，夫妻关系就会面临非常大的危机。

黄国伦指出，这种“绕道型”或把孩子当成婚姻出口的夫妻相处模式，让孩子在很早的时候，就被提升为代替大人的角色，使他在心理上无法真正做个孩子。这可能产生的负面影响是，当他走入婚姻的殿堂时，他主要的照顾对象仍会是妈妈或爸爸，而不是他的另一半及自己的小家庭，所以说夫妻的相处之道对孩子未来的影响是非常深远的。

类型 2　冷漠逃避型

“绕道型”夫妻相处模式继续恶化下去，就可能变成“冷漠逃避型”夫妻关系。

联合心理咨询所心理咨询师邱永林分析，夫妻会落入这种相处模式，常常是因为他们以前争吵过，但问题没解决，导致彼此间的观念差异越来越大。到后来，连吵都懒得吵了，于是就各过各的，用相敬如“冰”、把对方当成空气的方式，来避免冲突，以维持家庭表面上的完整。

这样的夫妻关系，在美国婚姻咨询专家戴维·寇德（David Code）眼中，其实已经有如“情感上的离婚（emotional divorce）”。当你在情感上跟另一半离婚后，就会更容易将孩子当成情感上的支柱，让家庭的功能及角色更为混淆、不健全。

邱永林认为，冷漠逃避型夫妻关系，可以说是对孩子最具杀伤力的夫妻相处模式，因为“哀莫大于心死”。这种夫妻关系容

戒吼
便利贴

当夫妻之间有冲突时，最不好的处理方式就是扭头就走。如果真的没办法现在谈，也要有所交代，例如可以说："我现在没办法心平气和地讲话，1 小时后再回来跟你谈。"

易让孩子在处理人际关系时变得冷漠甚至自我封闭，缺乏一般孩子该有的好奇心；也可能产生另一种结果，就是孩子会过于想要讨好大人，因为他很缺乏安全感，没有自信。

寇德也指出，如果"情感上已经离婚"的夫妻，有一方在情感上把孩子当作配偶的代替品，会让孩子在与其他同伴的相处时产生社交困难，使他容易出现焦虑不安的状况。

廖清碧解释，这种不安全感源自孩子觉得，与别人交朋友是对妈妈或爸爸的一种背叛，这有可能会影响到孩子以后与异性正常交往的能力。

类型 3　直接冲突型

另一种很具杀伤力的夫妻相处模式，就是三天两头的直接冲突，最后甚至演变成只想纯粹攻击对方。

直接冲突型夫妻虽然不逃避问题，但是却没有解决冲突的能力，也没有处理问题的方法，结果成为"只会冲突，不会和好"的父母。邱永林指出，夫妻之间一定会有冲突，重要的是冲突之后能不能和好，能不能把冲突事件妥善处理好。

黄国伦提醒父母，如果孩子看到父母总是以相互攻击的方式来解决矛盾的话，日后一旦遇到冲突事件，他自然就会照着他所熟悉的、从父母身上学到的模式，用攻击来回应；另一种表现就是，孩子会选择用逃避、退缩的方式来避免冲突，因为他害怕落入父母的相处模式之中。

廖清碧指出，在这种家庭氛围中长大的孩子，未来自己在婚姻中往往也会复制父母的这种冲突模式或是变成婚姻里软弱的一方。

类型 4　冷嘲热讽型、贬抑型

这种类型的夫妻表面上看起来没有太大问题，但细心观察，你就会发现他们在言谈中，总是有意无意地贬抑对方、冷嘲热讽或是扯后腿、唱反调，严重时，甚至表现出对另一半很不尊重的态度。例如，常常打断另一半的谈话，脱口就说："我听你在放屁！"或是在管教孩子时，常互相破坏原则，太太规定孩子要在餐桌吃饭，先生却要孩子到客厅陪他边看电视边吃……

黄国伦指出，会有这样的夫妻相处模式，其背后的原因就在于夫妻双方有问题没解决，也许是情绪上的愤怒、委屈没有处理，所以就会不断出现这种互相贬低对方的行为。例如，太太对先生说"你不要管孩子""你不懂""你不会管"……这背后传达的信息可能是先生常不在家，太太很受伤。

邱永林指出，这种冷嘲热讽的行为，通常是因为一方对配偶或配偶的家人有心结，例如婆媳问题。一方因为心里有委屈，当他（她）看到对方不愿意好好谈论这个问题时，就会不自觉地想以牙还牙，让自己未处理的愤怒、不满及委屈，通过用言语刺伤对方来宣泄一下，获得一种平衡。

邱永林指出，这种互相贬抑的相处模式，不但会让孩子变得不尊重父母，以后他们也不会尊重另一半，到了公共场合也不会尊重他人，这种孩子容易被孤立，他的人际关系自然会变差。另外，由于夫妻双方互相破坏对方的原则，彼此扯后腿，也容易让孩子找缝隙钻，会造成他们做事投机取巧、不脚踏实地，甚至养成错误的价值观。

幸福的婚姻是教育的基础

寇德在《把婚姻摆在教养之前》(*To Raise Happy Kids, Put Your Marriage First*)这本书里，不断提醒父母们："父母可以送给孩子最好的礼物，就是让自己的婚姻幸福美满。"

幸福的婚姻是教育的基础，这其中包括最重要的三要素。

要素 1　带给孩子安全感

夫妻能经常互相肯定对方，自然地表达亲密关系，表现出愿意照顾对方、照顾这个家庭。这样的家庭氛围可以带给孩子充分的安全感，有助于他们健全人格的发展。

要素 2　合理划分界限

黄国伦提醒父母们，要清楚家庭成员的角色定位：孩子是孩子、父母是父母、夫妻是夫妻，孩子不能取代另一半，父母才是家庭的领头羊。

夫妻要拥有二人时间、二人世界、二人的感情生活；同样，孩子也要有他们自己的世界。只有在父母与孩子之间划分界限，家庭才能健康转运。

要素 3　学会好好解决冲突

夫妻相处，有冲突是难免的，有时甚至是必要的。研究显示，逃避冲突的夫妻反而要付出更大的代价，比如失去自我、说谎、压抑、伪装，这不仅让夫妻关系失去了最可贵的“真诚”，也阻断了两人对彼此的了解。

黄国伦指出，冲突的背后通常都有更深的问题未被处理，有时候事情解决了，但情绪没有处理，关系就依然无法修复。

邱永林建议夫妻双方在面对冲突时，要先处理心情，再处理事情。也就是先说出自己的感受，再去体谅对方的感受，最后再谈彼此的需求与期望。

黄国伦提醒大家，夫妻双方起冲突时，不要只专注于解决事情，冲突过后，也要记得努力修复关系。有时可能要通过道歉、认错寻求对方的原谅，才可能真正恢复正常关系。

一旦父母能够好好解决冲突，并能在冲突过后和解，孩子就会学到如何好好解决冲突，这对孩子来说，是非常重要且正向的学习机会。

那么，当夫妻面对敏感话题时，应该如何真诚地展开对话？如何好好解决冲突？综合各方意见，专家提出了关于夫妻如何解决冲突的 5 个建议。

戒吼便利贴

夫妻交心的目的，是希望对方能了解自己的感受和需求，而不是要陷入对现状的争辩之中。

建议 1　寻找对的时机

寻找双方身心状况都良好，没有处于劳累、生病的时候来谈。邱永林指出，夫妻面对冲突时，最不好的处理方式就是有一方扭头就走，让留下的一方没有对象可以发泄愤怒、不满。如果你真的没办法现在谈，非离开不可，也要有个交代，例如可以说："我现在没办法心平气和地跟你讲话，1 小时后再回来跟你谈。"

建议 2　事先准备

思考你想跟另一半要谈论的问题、你自己的想法与感受、你对谈话结果的期待、你希望改变的行为是什么。找另一半谈话前，先弄清楚自己的感受与需求。

建议 3　倾听彼此的情绪与需求

在与另一半对话时，你要表明自己的情绪、感受，并说清楚自己的需求；同样的，你也要倾听对方的感受、需求。你可以重述对方的想法，让他知道你一直在听他说话。例如，表达自己的情绪时你可以说："我觉得非常孤单、无助，我需要的不只是你的时间，我需要你的支持、肯定和陪伴。"而不是抱怨："你每天都这么晚回家，家里的事你都不管……”接着把你真正的需求讲出来，尤其是情感上的需求，而不只是对某件事的需求。

如果你是被抱怨的一方，需要去理解对方为什么会有这么大的情绪。你可以先说出对方现在是什么情绪，例如你可以说：“你现在看起来非常生气，你要不要多告诉我一点，是什么让你这么难过、这么生气？”接着可以引导对方把情绪抒发出来，并回应他的情绪。

如果对方一直逃避你想谈的问题，邱永林建议我们可以用“告白”的方式。例如你可以说：“有件事情我闷在心里很久了，如果我不说出来，对我们的关系会很不好，你愿意听吗？”用告白的方式让对方准备好，如果对方感受到你的诚意，在这种情况下，通常会较难拒绝倾听你的“告白”。

如果你是被告白的那一方，就算感觉被冤枉了，也应该先让对方痛快地说完，让对方倾诉个够，不要立即又陷入双方争论对错的情境。有些事说开了很不舒服，但不讲可能更糟糕，一直闷在心里更难过。

如果你觉得自己很受伤，你也可以跟对方交心。交心的目的是希望对方能了解自己的感受和需求，而不是要陷入对现状的争辩之中。重要的是，你是否了解自己和对方想要什么、不想要什么，谈谈你们希望拥有什么样的夫妻关系。

建议 4　指出彼此的不同，而不是指责对方

不要一开口就指责对方，可以用指出彼此的不同来代替指责，例如你可以说："关于周末要做什么，我们俩好像永远有不同的意见。"

谈谈你们的不同，说出你的感受与需求，也让对方谈谈他的感受与需求，以及你们双方对夫妻关系的期待与需求。接着进一步沟通，要维护良好的夫妻关系，你们愿意采取的行动。

建议 5　寻找第三方协助

当双方的问题已经太严重，无法靠两个人自己解决时，建议寻求对双方都能保持客观理性的第三方人士的帮助或向专业医生进行咨询，让外人协助你们解决冲突。

婚姻中的冲突并不可怕，可怕的是有人不愿意面对或不会面对，甚至一厢情愿地认为时间能解决一切问题。但不幸的是，时间并不能解决一切问题，时间解决掉的，可能是你的婚姻。邱永林提醒所有珍惜婚姻、珍视孩子的父母，要真诚地面对自己与另一半的关系。

Jaguar 小姐
聊心事 2

挑战 21 天不对另一半生气事件簿

原来，不生气很容易！

2013 年 5 月，受某本书的感召，我发起了“挑战每天煮晚餐”计划。挑战结束后，我发现做一件事只要持续 21 天就能养成习惯。

本人自小以来就是脾气暴躁之人，只要事与愿违或是被有些人和事惹烦了，脾气上来了，身边的人便遭了殃。

而我对男人特别没耐性，结婚后，先生成为我最看不爽的对象。个性完全不同的他，也常因为误解我而过度防卫，导致我们平均每两三个月就要大吵一次。

我 40 岁生日前的一次争吵过后，先生连续两个晚上没有与我们一起吃晚餐，也没有陪女儿洗澡、说晚安。第三个晚上，女儿在他又赌气出门时说：“粑粑你要回家喔！我、粑粑、麻麻，我们三个一起睡觉喔……”（女儿把“爸爸”发音成“粑粑”，把“妈妈”发音成“麻麻”）我红了眼眶。

第二天早上，当我仍旧生着气准备带女儿出门时，女儿又跑到房间对还在睡觉的爸爸说：“粑粑，我出门啰，等你起床再煮马铃薯煎饼给我吃喔……”牵着女儿的手走在路上，我突然发现，原来他不仅是我的先生，更是女儿心爱的爸爸；而我却一直过着自我的生活，仍旧以不妥协、不忍让的姿态行走于婚姻之中，最后的结果必然是伤害了我最爱的孩子，然后，反作用力又回来伤害了我自己。

溢出的幸福，让照片都糊掉啦！

我这才理解，原来我已不再是一个人，而是与另一个人共同撑起一个"家"，只有在充满爱的家中，心爱的孩子才能开心成长。我跟他，应该像两根坚强的支柱，在家之下，自我应该退让。

于是，面对两人经常因为家庭琐事而互相看不爽的困境，我决定先从己身做起。

大家都说一个人的脾气很难改变，但我决定向自己挑战，21 天不对另一半生气，不管再怎么不高兴，也要控制情绪，做到不生气。如果能通过这一关，也许可以找到一个内在机制去消化突如其来的坏脾气。

其实，当时我十分怀疑自己是不是撑得下去，甚至担心会憋出心脏病，然而，21 天过后，我很骄傲地宣布：挑战大成功！而且，一点都不难！

这 21 天我是怎么度过的？老实说，前 7 天十分难熬。当对方又开始有意无意地挑衅我，装死、撂挑子，许多次我都怒到爆表，差点又依惯例摆臭脸，然后吵架、冷战。

无奈受制于这个自我挑战，我只能忍辱负重，即便已经气到爆青

筋，仍要表现得云淡风轻，不把他的挑衅、装死放在眼里，反而“殷勤”地嘘寒问暖，一派贴心模样（其实心里恨得牙痒）。

当箭靶不在，飞镖只能无奈，原本呈现战斗姿势、随时准备反击的他，竟完全失去了斗志，他的挑衅也就自然地被化解了。

然而再怎么能忍耐，人都是有极限的。

挑战来到第 8 天中午，我带女儿上完课回家，又饿又累，面对很不识相、一直在烦我的女儿，我再也无法对他的“冬眠”坐视不理了！

但是我仍谨守着不对他发脾气的规定，午餐后，我把闹着不想睡午觉的女儿丢到房间任由她大哭，自己“砰”的一声把门关上，头也不回地出了门，想要摆脱这一切。

我到好久没去的泰式按摩店做了 1 个小时的精油按摩；再跑到一直想去的 Mango 服饰店买了两件毛衣；然后在傍晚 6 点发信息给他说我不回家吃饭了，请他照顾孩子；接着跟好朋友一起喝啤酒、吃晚餐、聊八卦；还一路散步回家，度过了一个“很大人”“很单身”的夜晚。这些从生完孩子后就极少做的事，我在 6 小时内全部做足了！

晚上 9 点半到了家门口，我有些紧张，不知道开了门会是什么模样（因为老公从没独自带孩子这么久）。没想到大门一开，家里一片祥和，女儿开心地飞奔过来迎接我。他看到我脸上没有生气，很快就去拿 iPad 跟我分享他找到的二手露营车，也没问我怎么了或去了哪里（他自己心里清楚）。

他说，他一直以为我在房间跟女儿一起睡午觉，直到收到信息，才发现原来我不在家（无语）。

"生气就离开家"这招是跟他学的，他已经不知道做过几次了，这次换我做做看，没想到效果出乎意料地好。我打算把这招作为武林秘籍，永久珍藏。

人贵有自知之明，当我控制住不生气后，他也开始自我反省，不仅少了许多抱怨，也变得比较开心。我进一步反思自己过去忽略了什么，为什么我对另一半这么没有耐心。

我要诚实地说，不知是荷尔蒙还是什么生物性因素的影响，孩子出生后，我的注意力就完全集中在孩子身上，另一半成为"功能性存在"。我只关注他有没有分担家务及照顾孩子，他只是个"孩子的爸"，而不是"我的丈夫"。当他想与我聊天（例如发表他对经济的高见）时，我只想着孩子明天要吃什么，毫无兴趣听他夸夸其谈；当他对我诉说梦想时，我只想着怎么给孩子找幼儿园，毫不关心他的想法。

对他而言，我仍是他想要与之分享人生的那个人，而我却只把他当成"同事"，认为两

人应专注于满足孩子的需求而不是彼此的需求。

婚前百般重视的人，在婚后变得什么都不是，换成是我，也会有怨言，也会感觉被忽略，也会因此受伤吧？

于是，我告诉自己，我必须重新调整心态。他不应该只是孩子的爸，还是年老时仍可以一起分享生命的人。孩子是来丰富我们的生命的，而不是来夺走我们身为大人的乐趣的。一家三口应该一同享受生命的美好，而不是两个大人牺牲一切只为成就一个孩子。

自己过得不快乐，又不能与伴侣分享人生，这样的关系在孩子长大离家后应该没有残存的价值吧？我长久以来幻想的那一幕：俩人白发苍苍，仍手牵手在微凉的秋天午后散步。这一带如果不是通过每天、每月、每年慢慢地储存，相偎相依，又怎么能实现呢？

21 天过去了，我的不生气变得自然而然，不需要再勉强自己就能做到。在 21 天期满前夕，他突然（用很奇怪的中文语法）对我说："你最近对我比较好，我比较高兴。"原来，对方并不是无感，而是我先前没努力。

婚姻真的很难，也很少有人不抱怨。但凡事总要先努力，当你的付出对得起自己、也对得起对方时，才有资格谈放弃。

生活的路仍会颠簸，希望我以最大的耐心与勇气，学习这生命中最重要的一课。

继续挑战不生气！

戒吼第12天

文｜李宜蓁

今天，请把接力棒交给爸爸！

疲惫的你，总是无法放下“全能女王”的焦虑。何不睁一只眼，闭一只眼，让爸爸来参与家庭的分工，别让另一半成为“被荒废”的成员。

妈妈们心中的老公，是一种奇怪的生物品种：在走廊上看到一只袜子，他们会自动跨过去，好像根本没看见；床上放着一大堆没叠的衣服，他们会整堆移走，即刻安然入睡；偶尔交代老公看一天孩子，他们就带孩子享用平常不能吃的汉堡、炸鸡；要他们哄孩子入睡，他们却在床上与孩子玩成一片，把孩子弄得更嗨。做家务的苦他们不用吃，孩子的欢乐王他们抢着当……“总之，老公就是不靠谱！”妈妈们的黑暗真心话，是否已在此时悠悠冒出？

但是，真的是这样吗？妈妈们不妨静下心来想一下，如果把纠察队式的不信任拿掉，从孩子出生后，夫妻之间还保有恋爱的感觉吗？

据心理咨询师黄心怡观察，夫妻关系在孩子出生后常会遭遇莫大的挑战，孩子成为婚姻的“第三者”，妈妈们与孩子建立了更亲密的关系，并专心投入育儿工作。许多妈妈因为育儿工作太疲惫了，夫妻性生活频率降到最低点，妈妈陪着孩子睡，无形中把孩子当成拒绝与丈夫亲密的合理借口，丈夫成为家中“被荒废”的成员。

妈妈们很容易在子女出生后，一肩扛起管理家庭与育儿的重任，不自觉扮演起自我牺牲的阿信。另一方面她们又抱着凡事不能没有我的控制欲与执着，成为没有自我、没有婚姻生活，凡事只为孩子服务的劳模妈妈。

黄心怡观察，在父母带孩子来求诊的案例中，很多父母把太多需求依附在孩子身上，造成这一状况的主因是“夫妻在婚姻里很孤单”。精神科医生邓惠文也提到，在她所接待的婚姻咨询中，许多先生抱怨，自从孩子出生后，太太不愿把照顾孩子的工作分给他们，让他们非常没有成就感。

“一开始她就不让我接触孩子，觉得我抱孩子的方式不对，会让孩子摔下去。我去医院学习给孩子洗澡，但我洗完以后她又紧张地说孩子会着凉。她还常嫌我奶瓶洗不干净、不会换尿布。我明明是化工博士，她却说我冲奶粉的比例就是不对。”一位先生无奈地说。

新手妈妈容易在育儿关键期太过焦虑，会无意识地将先生排斥在外。邓惠文说，等到太太照顾孩子半年以后，已经上手了，先生却跟不上了。太太也不想教，先生也很有挫折感，因为孩子的事情他全都不会，最后照顾孩子的责任全落在太太身上。当太太感到疲惫时，失落的先生为了避免让自己再受挫，也不愿开口鼓励太太。有时孩子生病，先生却会无意识地打压太太：“你不是很厉害吗？”

这让把育儿责任全揽在自己身上的太太，感到极度无力又沮丧。

"当你想抱怨先生的时候，要不要先回头看看自己曾经做了什么让先生这么否定你，是不是你的做法让他一开始就没有成就感？"邓惠文提醒大家。

有些妈妈到孩子三四岁的时候还在哺乳，这到底是孩子需要，还是妈妈需要？断乳是自然过程，但有的妈妈却太过于依恋"我们是一体"的感受。黄心怡说，哺乳一段时间后，妈妈们必须找回个体的完整性，"妈妈是一个人，不再是一种食物，你和孩子是分离的个体。世界上有太多美好的食物可以品尝，不应该把孩子局限于只探索你的乳房。"

育儿的劳苦和"不能没有我"的执着，有时也是因为新手父母没有为角色的转变做好准备。

廖清碧说，孩子出生后，新手父母也要从"为人子女"升格到"为人父母"。"你不再是别人的孩子了，首先要拿掉依赖别人的心理；其次夫妻双方要统一立场，重新整队分工；然后还要形成共同的育儿主见，态度明确地共同抵抗诸如公婆、岳父母等外来压力。"廖清碧提醒大家，这些关键性的改变都需要新手父母在短时间之内厘清，然后才能对育儿与家务的分工、各种关系的优先级有更好的安排。

然而，多数的家庭其实并没有实现这么顺利地转型，留下的是承担了所有育儿苦乐、忙碌疲惫的妈妈和一个跟爸爸说"你走开！我要妈妈"的孩子，以及因被冷落而空虚寂寞的爸爸。

戒吼便利贴

不要一开口就指责对方，可以用指出彼此的不同来代替指责。例如你可以说"关于周末要做什么，我们好像常有不同的意见。"

一旦落入这种恶性循环的家庭关系，妈妈们的"自觉"就成了扭转局势的关键力量。这些"自觉"包括以下内容。

1. 学会察觉身体发出的求救信号

新手妈妈容易过度紧张，妈妈们首先得学会响应自己身体发出的信号，向外求助，并意识到自己必须停下来，先照顾自己的身心，避免育儿过于辛劳。

2. 放下追求完美的罪恶感

有些妈妈很坚持，例如，晚餐要用的卷心菜一定要当天傍晚才能开始切，她们不能忍受前一晚先备好，放冰箱里。她们不能接受保留一点点的时间照顾自己，因为自己若有余力，应该要为孩子做更多才对。

邓惠文说，把自己逼得太紧的 A+ 妈妈，会让孩子对犯错和承认错误有很深的恐惧感。有点大而化之但重点都有顾到、也懂得照顾自己的 B+ 妈妈，身心都能获得放松，在情绪管理上比较容易给孩子正面示范。

3. 承认世界上有一千种洗碗的方法

不要再管先生怎么洗碗了！打击老公做家务的热情，只会让你累到投降。你要学会把事情分担出去，你要明白有些事情不按你的方法来做也能完成。饭锅缝隙里的锅巴下次煮饭时抠一下就清理掉了，茶杯里的茶渍拿钢丝球刷一下就干净了，没那么严重。要特别珍惜先生帮忙洗碗而多出来的那半个小时，别老是围在孩子身边，去收个邮件、跑半小时步都可以。

4. 练习让爸爸与孩子独处

爸爸和孩子玩踩过来、压过去的搏斗式游戏，总让妈妈很不放心，但孩子也需要从爸爸那儿，感受到狂野的世界与不同类型的爱。育儿作家陈安仪笑着说，以前她会唠叨先生没把孩子屁股擦干净，现在先生带孩子去公园玩，她绝不啰唆，更不会跟着去看，标准降到“只要能活着回来”就好了。

5. 与另一半重新找回身心灵的接触

孩子刚出生时，夫妻都容易紧张而疲惫，这时也要记得找时间牵手、拥抱，让先生知道你没有忘记他，请记得，男女对性生活的需求频率是不同的。

等孩子渐渐大了，可以训练他们分床、分房睡。等孩子再大一些，夫妻已步入中年，要重新认识彼此，努力把亲密关系找回来。黄心怡说，孩子最大的幸福是目睹爸妈相爱，只有这样，孩子才能更放心地向外发展，不用为有一个不快乐的母亲在家等着他而有心理负担。

在出版社担任管理职务的玉琴，家有一个小学二年级的孩子和一个 3 岁的孩子，忙碌的她非常需要老公与家人帮忙一起照顾孩子。每年她会固定安排自己与女性朋友或先生出国旅游。

她说："育儿工作是一场马拉松，当你没有力气的时候，一定要把接力棒交出去，而且要为自己建立充足的'补给站'。时不时地帮孩子与爸爸、爷爷、奶奶、姑姑或阿姨制造亲密时刻。有时，'放下'并不是狠心，而是为了以后跟孩子在一起的每一刻都很开心。"

在夫妻找回彼此的同时，无形之中也在帮助孩子走向自立。

戒吼第13天

文｜李宜蓁、陈雅慧

向爸爸学习“断舍离”

凡事总要操心的妈妈，怎样才能“断绝”给孩子不需要的帮助，“舍弃”多余的安排，“离开”不能没有我的执着？

不妨听听三位专家爸爸怎么说。

男女特质天生不同，一个理性，一个感性。这样的差异落在育儿问题上，却容易让妈妈觉得爸爸自私、不负责任；让爸爸觉得妈妈啰唆、瞎担心。当妈妈们看不惯爸爸们轻易“断舍离”的风格，揽下大部分家务和育儿责任时，自我牺牲的陀螺妈妈们，却与爸爸们心目中的好太太渐行渐远。到底在“拿起”与“放下”之间，该如何抉择？夫妻该如何从彼此的特质中互相学习、取长补短，以及从“学做好夫妻”开始，进而成为“好父母”？

《亲子天下》（以下简称Q）邀请在育儿问题上帮助过很多父母的三位专家爸爸：台湾马偕医院小儿科医师黄璇宁（以下简称黄）、天才领袖亲子教育集团首席执行官王宏哲（以下简称王）以及联合心理咨询所心理医生邱永林（以下简称邱），以他们为人父、为人夫的亲身经历，同时又从具备生理、心理和医学专业知识的专家角度，分享他们的观点与建议。

Q：三位平常在坐诊时接触过很多父母，一般来说，父亲与母亲的关注点有什么不同？

黄 如果是爸爸带孩子来求诊，通常以孩子有身体病痛居多；妈妈则是遇到什么问题都会带孩子来求诊，衣食住行都会问。如果爸爸、妈妈一起来，会出现两种状况。

一是“父不详”。爸爸完全搞不清楚状况，只是开车送母子来，他对妈妈描述的问题可能不是很了解或觉得没什么，但基于爱、关心与责任还是会送她们过来。

另一种是爸爸、妈妈在家已经吵过架了，来找我当“清官”。比如孩子在学校被说有多动症，爸爸觉得不是，他只是来听我讲一句“我觉得不像”，然后就接着我的话说：“对嘛，我说根本就不是，你看医生也说不是。”

王 我看到的妈妈，通常会全面介入孩子的生活，包括检查功课、生活常规和日常作息；爸爸通常管得比较松，但也有些爸爸，只要孩子不听话，就打孩子。最近来我中心的，多半是因为爸爸打得太凶，妈妈不认同，就硬拖着爸爸来做育儿咨询。

家长带孩子来求诊，我们会先让他们填写有关孩子行为的问卷，然后我们在一旁跟孩子玩游戏、观察和评估。如果妈妈填问卷，每个问题都是填“总是、总是、总是”，我们就会请爸爸再填一次。

邱 （频频点头接话）然后，爸爸的答案往往是"从未、从未、从未"。

王 当两份问卷有很大落差时，专业人员就要介入，一个一个请他们重新解释。所以问卷都要备两份，有时候我也无法再追问下去，因为爸爸会直接对妈妈说："你胡说八道，安静，我来讲！"妈妈则回应道："你又没有带孩子，你怎么知道！"

邱 妈妈来这里通常是分享问题，她们会观察到很多孩子的生活现象，但爸爸就把焦点放在解决方法上："你告诉我该怎么做？咨询是一个星期还是两个星期来一次？用什么疗法？"爸爸会很想知道怎么解决问题。咨询一阵子后，妈妈会说："有啊，我感觉好多了。"爸爸则会问："除了我们的感觉以外，有没有真正的改善？"爸爸会倾向于寻求理性分析和数据证明。

Q：身为专业的工作者，你们会如何安抚总是很焦虑的妈妈？

邱 女性的焦虑有两种，一种焦虑是杞人忧天，也就是太过焦虑了。另一种是她真的观察到一些现象，那就不是凭空而来的焦虑和担心了。

Q：如何界定妈妈不是杞人忧天？分界线在哪里？

戒吼
便利贴

表达想法时，最好选在彼此都比较冷静的时刻，有时只辩驳说话内容不一定能达到效果，清楚、直接地告诉对方你真正的感受会更有效。

邱 如果你观察到孩子某个时期突然成绩大幅滑落或者以前他会同家人一起出去吃饭、旅游，但现在你叫他出去，他却总是待在家里，不想出门。若发现这类明显的行为或态度变化，妈妈的焦虑就不是杞人忧天了。

黄 以旁观者的角度，我们没办法去定义孩子的行为是否严重到需要妈妈那么焦虑。当妈妈发出警报时，也许是假警报、也许是真警报，但你永远没办法预知接下来会发生什么事。我觉得最重要的不是从专业角度跟你说这事严重或不严重，而是在日常生活中，先生要顾及太太的感受。既然太太对某个育儿小细节开始忧虑，那么先生是否也能配合着“演一下”或愿意把这个担子揽过来呢？

比如，这件事我觉得没什么，可是既然太太担心，我就来处理。其实心里想的是“船到桥头自然直”，让时间去解决。也许你原本担心的事最后什么也没发生，但过程处理不好，就会造成夫妻感情的裂痕。

Q：我们发现妈妈很难放手的原因，是她觉得爸爸不在意，或像你们所说的，爸爸假装在意，可是做得不够好。比方说把辅导作业这件事交给爸爸，但爸爸就是辅导不好，于是妈妈受不了，又拿回来自己做。

王 我觉得妈妈把权力交出去之前，应该先同爸爸讲好。男生的理性脑特别发达，女生的感性脑特别发达，所以妈妈要用理性脑去同爸爸沟通。譬如，辅导作业之前，跟他说好要辅导到什么程度。你要先把要求讲清楚，不要等他发挥"性别特点"，他觉得这样就可以了，结果你又不满意。如果你真的很不放心，没办法一开始就放手，你可以先让他辅导前面部分，最后一关再给你检查。

其实教老公就像教孩子一样，要有条理，不要讲得乱七八糟，要明白他听到的不见得与你想的一致，而且一旦你交出去就要承受结果。如果他做完了你交代的事，就算你还是不满意，也不要再跟他争论，因为他已经做好分内的工作了。

邱 比方说，妈妈把辅导功课的事交给爸爸，大部分时间里爸爸管得还不错，偶尔一次孩子考不好，妈妈就唠叨了两句。这样一来，爸爸的情绪就来了，我们也有情绪脑嘛！（大笑）

王 男生这种动物，有时候真的很难感受到让女生焦虑的事情是什么。一个小家庭里，太太每天可以抱怨的人就是先生，但先生又很容易说："有必要这么大惊小怪吗？"太太就压抑了。我会建议先生，当太太讲话的时候，如果你真的是一个大孩子、一个很晚熟的男生，还无法做到设身处地地为对方着想，那至少要学着去倾听。

但我也要提醒太太，在与男人沟通时，也同样需要理解对方。比如说，在先生很忙的时候，只要给他们送上一杯水或一杯牛奶，或说"你今天很累啊"，大部分男人应该都能感受到这份温情。

但太太通常丢过来的第一句话却是"你儿子今天又怎么样了……"之类。我们男生可以忍受的是，把这句话放在后面说出来，但如果那个信息不是非常重要，就请不要在先生很忙、很有压力、很焦虑、负面情绪很多的状态下，再多一个压力进来，否则，会影响彼此的关系。

男生和女生的大脑结构虽然不一样，但都需要对方的理解。把自己想说的话推延到第二句，我觉得这是做到互相理解的第一步。

Q：曾经在新闻里看到过，孩子都已经是大学生了，妈妈还要打电话到宿舍叫孩子起床。其实妈妈也知道要放手，但放手的分寸却不容易拿捏。到底该怎么断舍离、何时该断舍离，三位从专业角度出发给出的具体建议是什么？

戒吼便利贴 不要再管先生怎么洗碗了！打击老公参与家务的热情，只会让你累到投降。你要学会把事情分担出去，你要明白有些事情不按你的方法做也能完成。

黄 要做到断舍离，主要是看你愿不愿意做。我的观点是，一个大学生如果还需要妈妈叫他起床，这表示妈妈本身不愿意断舍离，并不是孩子不独立。会去思考何时应该断舍离的妈妈，说明她有洞察力，她不太可能会享受或深陷在无法断舍离的状态中。

邱 妈妈做不到断舍离，其实是因为她们还想继续满足“自己被需要”的需求。妈妈不能断舍离，对孩子不见得好，可是妈妈总会觉得“孩子还小，干吗这么急？”

王 我认为适合断舍离的时间是小学一年级。因为这时是孩子步入小型社会的开始，孩子必须将注意力转移到与自己同龄的人群上，而小学老师也无法像幼儿园老师那样放那么多注意力在孩子身上，这是很重要的时间点。

如果你想要训练孩子尽快适应这个小型社会，断舍离的时间反而要往前推，在孩子上幼儿园大班的时候就要开始准备，不要让孩子太依赖你。

譬如，从大班开始，他是不是应该学着了解自己的书包该放哪些东西、怎么把东西归位、早上起床时要先做些什么……所以从幼儿园到小学一年级，是练习生活常规和独立的重要时间。

但很多妈妈不会去思考这件事，小学一年级还一直跟着孩子，帮他提书包，一直到二年级、三年级还是如此。这样下来，你会发现，孩子的学习与成长比其他孩子要慢。

Q：那万一在入学前后没有做到断舍离，错过了这个关键点怎么办？

王 我觉得随时都可以断舍离啊！如果你的孩子天生的脾气性格不是说断就断的类型，你就要讲究方法，要循序渐进。

我曾经对我的大儿子做过一个实验，因为我很好奇，到底父母可不可以改变孩子的行为模式，所以我连续 3 天，一回家就主动对孩子说“抱抱”。他本来在玩汽车，觉得有点莫名其妙，后来第 4 天我一回家，他就摇摇晃晃走过来要我抱。这说明父母对孩子的行为塑造是可以使他养成习惯的。

至于在抱与不抱之间，到底该怎么衡量？我认为要在他有需求的时候，你才去做这件事，若他没有需求，玩得好好的，就不必打断他。

Q：有时夫妻双方对断舍离有不同看法，例如，妈妈觉得孩子三年级骑脚踏车上学很危险，爸爸却觉得没问题。这个分寸，到底要怎么拿捏呢？

黄 我觉得可以从孩子自身去寻求答案。孩子的同学中一定有人骑车，有人不骑车，去看看他们的状况，了解一下孩子所处的环境，是否真如你们想象的那么危险或不危险。

十几年前，美国有个女孩在搭校车上学的途中被拐走，后来很多妈妈就不敢再让孩子一个人搭校车上学。危机感是相对的，不是绝对的，夫妻俩可以参考别人的建议和经验，然后再去沟通，做决定。

我认为孩子可以骑脚踏车跟着我过马路，但我太太觉得不行，那我就顺着她，把车子扛过去。如果你们决定要一直送孩子上学到 18 岁，那也是你们的决定，没有必要由别人来评判你的孩子是不是独立。

家长在做每个断舍离之前，可以想远一点，10 年、20 年之后，孩子会不会因为这件事情受到很大的影响。比如，有时候你担心孩子不会穿衣服，我不相信哪个发育正常的孩子长大了还不会穿衣服。如果你今天厌倦了蹲下来帮他系鞋带，你就会去改变，不需要别人催。

邱 父母看待风险，常常觉得发生在别人身上的是万一，但发生在自己身上可能是一万。如果过度忽略风险，生存会受威胁；但若是过度保护，就要思考，你是否要让恐惧掌控你的一生？孩子会不会被绑架、会不会交到坏朋友、过马路会不会被车撞……如果连这么多小事都恐惧，那你的生活会有很多不方便，这就是过度担心的代价。

黄 我的代价是脚踏车会越来越重……（笑）

邱 我自己的鞋子都是带粘扣的，不买有鞋带的……（笑）

王 我有一个评估标准，当孩子无法独立的情况已经严重影响到夫妻的日常生活质量时，就要去思考该如何提高孩子的生存能力了。

孩子出门慢吞吞，是因为他不会穿衣服、系鞋带，时间越久，你的负面情绪就会越多，然后你就开始生气，"这孩子是怎么了"？有时要刺激妈妈用别的方式来完成断舍离，因为妈妈嫌孩子慢，就会直接跳过去替他们做了。

邱 很多家长可能搞错了断舍离的概念，以为断舍离就像是风筝断了线。其实父母是想要帮助孩子往好的方向走，但我跟我太太对待孩子的方式像"造船"。如果孩子是一艘船，我们就用最好的木头、最棒的流体力学方式去造船，这样一来，不论我们是把他放到小河里还是太平洋里，他都不会沉，而且会航行得很好。

纪伯伦的诗中写到："父母是弓，子女是箭。"弓只能给箭力量，但箭飞出去会受到风向、地心引力等的影响。所以，父母能给孩子的就是力量，但不能决定他的方向。

弓与箭的关系需要"修炼"，而"修炼"是有时间限制的。我常常告诉自己，不只孩子要毕业，父母也要毕业，能不能断舍离，每天都在考验父母学习到什么程度。你越想控制他，你的失

戒吼便利贴

记得常与另一半牵手、拥抱，让先生知道你没有忘记他。等孩子再大一些，夫妻已步入中年，要重新认识彼此，努力把亲密关系找回来。

望也会越大。

Q：我们很想知道，三位眼中的好妈妈是什么样子的？

（三位爸爸面面相觑，沉默，大吐气）

王 这是陷阱题吧！不要让另一半看到。（大笑）

邱 那我先来当“先烈”。“好妈妈”哦……我觉得我比较在乎的是“好太太”。我自私一点说，她当我太太的时间比较长，若她当好妈妈，我儿子搞不好二三十岁就是别人的老公了。我太太有时会犹豫不决，想换工作或回家带孩子。我会跟她说，不管你做什么决定，我都希望你能发自内心地快乐，我不希望你决定去上班了，但每天又当“怨妇”……

黄 （拍桌）那是不可能的！她们都是在家时想工作，在工作时想孩子。（手指着《亲子天下》的编辑部妈妈们）这边一票都是……（大笑）

邱 有阵子，太太说工作压力大、腰酸背痛，经常说想去做SPA，但说了一个多月都没去。有一天快下班时，我发信息跟她说，今天不用那么早回来，孩子我照顾，你去做SPA。可是她还是没有去。（黄：对！）

曾经有一阵子，我会去罕见病基金会当义工。我发现有罕见病孩子的家庭，父母的感情很坚定，但若有一天这个孩子走了，父母离婚的比例很高。因为他们都在当父母，没在当夫妻，当“父母”这个角色消失了，他们不知道怎么当夫妻。这个发现，我一直引以为戒。

很多来我门诊的妈妈会有空巢危机，她们都认为要牺牲、奉献，一切以先生、孩子、家庭为主，她们很久没有爱过自己，也没有成长，更不知道寻找自己的乐趣。所以妈妈们要停下来问问自己："是孩子需要独立，还是我需要独立？”有句话说，孩子是父母的未来，我觉得应该倒过来，父母的身心健康才是孩子的未来。情感上不够独立的父母，不能成为一个好的教育榜样。

黄 还是回到断舍离的话题，为什么你们做不到？因为对现在的父母来说，太多不确定的因素在前方，你没有办法掌控。如果有信仰，你就能把它交托出去。对我来说，夫妻有共同的信仰很重要，这会带着孩子往前走。夫妻才是婚姻的主体，孩子是祝福，要把主体顾好，孩子才会好。所以我也同意，只要能维护好夫妻关系，她就会是个好妈妈。

王 很多妈妈给自己的压力太大，譬如有的妈妈看某本育儿书中所写的内容，她就一定要做到书中那样，这样就失去了做母亲的直觉。

我会鼓励妈妈们把注意力放在孩子以外的事情上，比方说要她放心去做 SPA。爸爸应该给她一针强心剂："没问题，孩子包在我身上，没有 90 分也有 80 分。"看妈妈能不能接受 80 分，如果可以的话，我们也很愿意从 80 分慢慢学习到你要的 90 分。

黄 很多男人会被太太羞辱，搞到后来没有一点自信，没自信当然什么都做不好。家庭的事情盘根错节，有太多的外在因素和内在纷争，于是，很多爸爸就放弃了一家之主的角色，跟这个家渐行渐远。我要提醒爸爸们，要尽好自己的职责，不要弃守，因为总有一天会苦尽甘来。

Tips

向爸爸偷学“无罪恶感育儿”

法宝 1 请假陪孩子理所当然

当职场妈妈必须请假参加孩子的学校活动时，有些妈妈的内心总觉得好像不应该。美国研究者发现，当爸爸必须请假陪孩子时，他们在确认分内的工作完成后，就不会再多想什么，直接就请假离开了。这一点请妈妈们学起来！

法宝 2 天塌下来也不能剥夺“大老爷时间”

妈妈们总想着先满足别人的需要，相反，不管是去跑步、上网或赖在沙发上什么也不做，爸爸们都会奋力捍卫自己的“大老爷时间”。这一点，妈妈们也要学起来！

法宝 3 一次只做一件事

根据《奥普拉杂志》引述的研究，妈妈们每周“多任务处理”的时间比爸爸多10个小时，疲惫感自然也加倍许多。请妈妈们改掉没效率的多任务模式，把工作分给爸爸们吧！

法宝 4 想办法让自己过关而不是被卡住

当妈妈工作不顺利、对孩子失去耐心时，很容易唠叨或卡在原地不动，让自己身心俱疲。而一条肠子通到底的爸爸，解决问题就像是玩闯关游戏，能迅速找出方法。同样的，妈妈们务必学起来！

法宝5　没有什么一定要坚持

有些妈妈很在意孩子的衣服和袜子搭不搭、自己有没有做出健康一百分的晚餐；但爸爸们会用更弹性的方式完成工作，他们会注重是否准时让孩子吃饭，有时吃点垃圾食品也无妨。亲爱的妈妈们，偶尔也放过自己，轻松一下吧！

Part 3

变身戒吼妈

扭转怒吼妈、不准爸形象，就从突破沟通关卡开始。

掌握有效的育儿说话术，从学前小野兽到青春期喷火龙，

不必大吼大叫，也能沟通好亲子关系。

戒吼第 14 天

文 | 陈佩雯

别吵，请让我安静 5 分钟！

宝宝出生后，妈妈想“安静 5 分钟”真的如此困难？
如何办理“安静 5 分钟”存折？资深妈咪传授绝招。

大象妈妈趁着 3 个孩子吃早餐的时候，偷偷往浴室走去，因为她想“安静 5 分钟”，泡个澡。没想到被孩子们发现了，一一跟进了浴室，一个在里头吹笛子，一个念起了故事，另一个干脆跳进浴缸里。大象妈妈只好狼狈地走出浴室，来到厨房，趁着孩子们还没从浴室跑到厨房，她获得了“3 分 45 秒”的安静时间……

这个故事出自绘本《让我安静 5 分钟》，也是许多妈妈内心曾有过的呐喊，即使是亲子育儿专家也不例外。

3L 亲子教育与家庭支持中心主持人林丽玲，忆起女儿 2 岁时的一个午后。那天她实在困极了，但女儿怎么哄都不睡午觉，她干脆在床上铺上毯子，把女儿最爱的玩具放在毯子上。为了怕女儿乱跑，她把房门锁上，自己就这样在玩具毯子和女儿身边，小睡了 30 分钟。

“孩子黏人是因为他们有需求。”林丽玲说。0~3 岁宝宝的生理需求完全仰赖父母为他们解决；而 3~8 岁的儿童则有人际互动的需求。在家中，除了手足，对孩子来说，父母就是可以满足孩子人际互动需求的玩伴。

实现“宏愿”，得先耕耘

据绘本创作者童嘉观察，孩子很怕寂寞，一旦他感觉无聊，就开始用吵闹的方法引起成人的注意。如果父母了解孩子喜欢什么类型的游戏，就能培养孩子“自己玩”的能力，也有机会实现“安静 5 分钟”的愿望。但在孩子可以自己玩之前，父母必须经过“全心陪伴孩子”的耕耘期，才能获得“安静 5 分钟”的甜美果实。

面对精力旺盛又很黏人的女儿，童嘉常常觉得自己快要崩溃了。但是她用一种“置之死地而后生”的心情，以陪伴孩子为优先。她发现，如果女儿开心，自己的日子就能好过一点。她也相信，这种陪伴总有尽头，至于尽头何时出现、会不会出现，则与她如何引导孩子玩游戏息息相关。她奉行“创意生活游戏”的原则，用生活素材，带着女儿玩出许多创意游戏，时间久了，自然培养出女儿“自己找乐子”的能力。所以，当童嘉需要“安静 5 分钟”时，她会拿出抽屉里藏着的黏土、用废纸装订的空白小书、空白拼图，让女儿尽情发挥创意。

林丽玲建议父母们，与孩子共同办理一张“安静 5 分钟”的存折。当父母拥有能量时，尽量全心地陪伴孩子，把这当成是

戒吼便利贴

如果父母了解孩子喜欢什么类型的游戏，就能培养孩子“自己玩”的能力，也有机会实现“安静5分钟”的愿望。

“安静 5 分钟”的存款。

获得充分陪伴的孩子，容易产生安全感，当有一天妈妈需要“安静 5 分钟”时，孩子也会乐于提供这 5 分钟给妈妈。因为，他知道妈妈只是累了，需要喘息，5 分钟后，妈妈充足电了，会乐于继续当他的玩伴。

Tips

超级保姆黄昱绮

自创道具，安静30分钟不是梦

摄影 | 刘国泰

36岁的超级保姆黄昱绮，有一个6岁的儿子。这个小男孩曾经既爱哭又不爱吃饭，难带到让她产后每天只能睡1小时，一个多月就狂瘦10公斤。为了搞定“磨娘精”儿子，黄昱绮自创了许多育儿小工具与小游戏，让自己能够得到喘息的机会。极富创意的点子，让黄昱绮即使成了保姆，一次带3个孩子，也能成功地让自己“安静30分钟”，而且还能让孩子们玩得很开心。

妈妈获得喘息机会的好用小工具

法宝1 让宝宝睡眠好——手工摇床

以竹子为骨架，辅以棉布的摇床，是黄昱绮哄睡的法宝。因为摇床妥帖地包裹着宝宝，又很透气，宝宝睡在这张床上，

就像回到妈妈的子宫里一样。黄昱绮发现，有的妈妈反映说睡眠不好的宝宝，一放到这张床上，多数睡得很安稳。

法宝 2　吸引宝宝动、动、动——弹跳椅

宝宝只要坐上弹跳椅，最少也要 30 分钟才肯下来。弹跳椅的好处是安全，椅子底下是个弹簧垫，宝宝坐上去以后，脚轻轻一蹬就会跳起来。而且宝宝可以在 360° 的范围内原地走动，随着走动的方向不同，宝宝眼前的转盘会出现不同的玩具，放着不同的音乐，弹跳椅还可以锻炼宝宝的腿部肌肉。

法宝 3　不起眼的好帮手——铃铛

黄昱绮会把铃铛缝在学爬行或学步宝宝的衣服上，而且一定会选择比较大又声音响亮的铃铛。当她必须在厨房准备辅食或在房间安抚新生儿时，听到房门外叮叮当当的声音往浴室方向前进时，她可以从容地走出厨房照顾学步宝宝。如此，不但不会破坏学步宝宝自由探索的乐趣，还能兼顾大人的喘息需求与孩子的安全。

妈妈获得喘息机会的好用小游戏

法宝 1　一个孩子也能玩——玩具大寻宝

这个游戏通常可以让妈妈至少偷闲 30 分钟。

首先将孩子的5个玩具分别藏在家中各处，并且告诉孩子，他身负重任，必须找到这5个玩具。接到任务后，孩子通常就会专注于找玩具，妈妈可以坐在沙发上优雅地看报、喝茶。

法宝2 我家也有列车长——小火车出发了

准备宽胶带，以及写有各地火车站名的卡片。

用白色胶带在地上围成一个椭圆形作为铁轨。请孩子站在胶带上依序排好队，每个孩子都用手搭着前一个孩子的肩膀，就像一列小火车。接着让每个孩子抽两张卡片。当妈妈喊“火车出发了”，孩子们就围着椭圆形轨道走，等妈妈喊“xx站到了”，手中有那一站卡片的孩子，就将卡片放到椭圆形轨道内，一直到所有孩子手中都没有卡片时，结束游戏。

法宝3 广告单大变身——拼图

傍晚6点，是黄昱绮身心最疲惫的时刻。在等待家长接孩子的空档，她会安排许多静态活动让孩子们自己玩，她可以趁机休息，而超市、大卖场的广告单，也是她的游戏工具之一。

她选择又大又简单的商品图案，例如西瓜、菠萝、杧果、冰箱、烤箱等。剪下这些图案，并粘上从书店买的贴纸。再将单一图案剪成三份，便成了三块拼图。

Jaguar 小姐
聊心事 3

暴风雨后的反省

女儿 3 岁后，我变成一个很容易生气的妈妈。

随着年龄的增加，女儿的自我意识越来越强，她不再是以前那个“妈妈说什么都好”的小天使，而是“这个不行、那个不要”的小叛逆。

4 岁的她，更加喜欢坚持己见，许多事一定要按照她的方式来做，例如先穿裤子再穿上衣，吸管的包装纸要横向撕开，剪纸时不能剪弧形而是要有角度等。她喜欢按照自己的节奏做事，专心做事时不喜欢被打扰，若大人一直催促她，她就会很反感。她凡事喜欢自己来，有时因为赶时间我们只是想帮她把事情做好（例如拉拉链或系鞋带），她也会非常生气，非得把一切归零，自己重做一遍。

大部分的时间，她是个理性的孩子，只要掌握她的行事规律，都还能相安无事。然而一旦她睡不够、吃了甜食或心里有事时，就很难控制情绪。如果大人企图扰乱她的秩序，她会非常愤怒，并在那种情绪里纠结很久，一闹起来没完没了。

每次当女儿为莫名的小事抓狂时，我也会被搞得很生气。我试过各种处理方法，然而认真叛逆起来的她，有时还真让人束手无策。面对这种状况，我常常感觉很无力。即使事过境迁，我也会反省自己为何如此没耐性，但在气血攻心的当下，却很少能耐着性子处理问题。

前阵子，《亲子天下》邀请我为童书《大吼大叫的企鹅妈妈》撰写推荐文。其实那段时间，我与女儿正处于关系黑暗期，因此读起来感受特别深刻。

那阵子，她每天早上起床时情绪都很差，她会反对我说的每一句话，对我的每一个要求都不配合。她的情绪化在匆忙的早晨显得特别无理，急着要把她送出门的我也特别没耐性。某天早上，她从起床后一直闹，闹了三四十分钟还不停歇，我气得把她的早餐丢进书包，让她直接穿着睡衣去上学。

为避免事态恶化，在她闹脾气的时候，我尽量压住自己的脾气，不与她大范围冲突。然而累积了几天的怒气后，我终于大爆发了！

那个周末，我带着她与妈妈一起到野柳玩，中午我们先到海鲜店吃饭，她又开始闹脾气，吵着要去逛海洋世界，不吃饭。我很生气，但仍无视她的行为。

第二天，我们去了基隆海洋科学博物馆，原本已经订好彩绘餐厅的位子，然而看完 3D 电影后，她又吵着要吃爆米花，不去餐厅。我告诉她吃完饭才能吃爆米花，她不接受，一脸的不高兴，眼看订位时间已到，我抱起她直接往餐厅方向走，结果她一路大哭大闹就是不想进大门。

无计可施的我让女儿坐在博物馆外哭，她的哭闹声在交错的外部空间里来回震荡，回音效果让哭声显得格外响亮。我妈妈在旁边帮忙安抚她，但她一点也不理会，反而哭得更大声。旁边是美丽安静的海，她的哭声成了方圆一千米之内最刺耳的声音，几个路人纷纷转过头来看，我羞愧得想往地底下钻。连续几天的情绪折磨，我的耐性已被消磨殆尽，看着她哭闹不休的脸，我明显感觉自己的怒气在往上冲，此时妈妈说了一句："你看！就是因为你太宠孩子，所以她才会这样！"

妈妈的话更是火上浇油，我的满腔怒火被引爆了！

"走！回家！不吃了！"我愤怒地抓起还在闹的女儿，把妈妈丢在后头，迈着大步往停车场走去。两旁的路人都在看我们，我顾不得他们的眼光，因为我觉得自己已经爆炸了！女儿挣扎着不想上车，我硬是把她绑在安全座椅上，驶出了停车场。灰暗的天空开始下起了雨，我混乱的头脑完全无法思考，女儿在后座继续哭闹着，但台词已经变成："麻麻，我要去彩绘餐厅！现在就要去！"

车子一路往家的方向奔驰，手握方向盘的我随时可以掉头回餐厅，然而气头上的我，怒到任凭世界毁灭也在所不惜。妈妈知道我的个性，在后座默默无语地坐着。女儿双脚不停地乱踢，挣扎着想从安全座椅上下来，她失去了理智，比刚才更疯狂地哭闹，1 秒钟都无法停下来。

把妈妈送回家后，车上只剩下我与女儿，已经哭得满头大汗的她仍继续吵着："我要去彩绘餐厅！我要去彩绘餐厅！"我怒气冲冲地转过头去，对着她大吼："不去！我不去！"

接着，我发疯似地对着她大吼起来："你已经连续几天这样闹了?！每天早上起床就闹，昨天去野柳也闹，今天为了一盒爆米花也闹！我每个周末都在想着要带你去哪里玩，你有没有感谢过我？我几天前就订好了餐厅，就是想带你去玩，结果你竟然为了一盒爆米花，哭得大家都不能去！以后我再也不想跟你出来了！"

青筋爆起的我，彻底失控！我大吼大叫着把所有的怒气全吐了出来，朝着心爱的女儿火力全开！被我吼叫后的女儿也彻底崩溃了！后照镜中的她，双眼哭得红肿，脸上满是鼻涕与眼泪，头发全都湿了。面对我的吼叫，她再次大哭，只是，她的哭声从蛮横转为恐慌，她的心，碎了！

车子里的空气都凝结了。我紧盯前方的路，不想再说话。突然，她很努力地忍住哭声，哽咽颤抖地问："马迷（女儿总是把"妈咪"发音成"马迷"），你会原谅我吗？"她问了两次，我不想回应她。她继续问："马迷，你会原谅我吗？"我仍旧没理她。她再度开始哭了起来，用沙哑的声音不断问着："马迷，你会原谅我吗？马迷，你会原谅我吗？"然后她说："我要马迷抱抱！马迷你可以抱抱我吗？我喜欢马迷！我超、级、喜欢马迷！我超、级、超、级、喜欢马迷！"

背对着她的我，眼眶瞬间红了！我突然想起前两天看到的绘本，小

企鹅被吼叫后四分五裂的身躯，急着想找回妈妈的心情，在这一刻，我全都了解了！

快到家时，女儿带着满脸的泪水睡着了。我轻轻地抱起她，她勉强睁开疲惫的双眼，已无力说话。回家后，她累得倒在沙发上继续睡，我为她打开冷气，看着她脸上的泪痕以及沉沉睡着的可爱脸庞，回想刚刚发生的一切，感觉仿佛经历了一场暴风雨，而此刻好宁静。心情平静下来后，我的脑海里又浮现出小企鹅破碎的身体，我觉得自己实在应该好好反省一下。

每个失控，背后都有原因

我走回房间，躺在床上沉思，脑中开始为自己的失控抽丝剥茧：为什么我会暴怒？

我想，我生气是因为她先用情绪来挑衅我，而我又想要控制她。我之所以发脾气，一方面是想反击，另一方面是想要她停止哭闹。轻度发脾气后我发现无法控制她，内心的无力感就越来越深，此时我的反击力道逐渐加大，最后转变为愤怒，以至于对她大吼大叫起来。

奇怪的是，在工作上我一直被认为是个 EQ 很高的人，无论多难，我都能四两拨千斤地化解来自老板或客户的情绪危机。然而，在家庭生活中，为什么我这么没耐心，这么容易对女儿发脾气？

我想，在工作中我之所以能维持高 EQ，是因为我把工作当成“事情”来做。“事情”不夹杂情感，我的目标是解决问题，因此能把情绪的负面影响降到最低。但在面对家人时，我总是把对方的情绪联结在自己身上，总觉得对方闹脾气是冲着我来的。当我们彼此把情绪互相挂钩，自然也就无法置身事外，就好像两个人双双卷入情绪龙卷风，再遍体鳞伤地摔出来。

其实我在工作上也会生气，但为什么我不会直接把怒气对着老板或客户发出来？还有，我也会看不惯另一半的某些行为，但相较于孩子，我却更愿意容忍丈夫？我想，我对其他大人的容忍程度比较高，是因为我知道如果我反击，他们也会再回击，因此在反击前我必须先评估我反击后的风险；然而对孩子我便没有这层顾虑，我很轻易地对孩子生气，是因为我认定她没有反抗能力。她比我小，她需要我照顾她，所以我利用优势，直接以身躯、音量、暴怒的表情来压制她，而且，我一点都不怕失去她的爱。

此外，我的暴怒多少源于自己当时的状态比较差，那阵子我对工作日程的延迟感到很焦虑。我给自己安排了写作计划，却苦于时间被分割得太零散，没有完整的工作时间，导致进度停滞不前。因此，当女儿早上起床闹脾气，我迟迟无法把她送

出门以便专心工作时，我就无法控制自己的情绪。

我的焦虑让我变得没耐心，回想一下，当我心无挂碍时，面对孩子的哭闹，我不是也能淡然以对吗?

这么一想，我发现自己失控的原因其实很简单。第一，我被她的情绪影响了；第二，我想控制她；第三，我以大欺小；第四，我有别的压力。

那天晚上，我上传了一个信息给妈妈，跟她道歉，没让她玩好。妈妈当然又数落我一番，但她说的一句话敲醒了我："你要多点耐性。她越哭，你越没耐性，她就更无止境地哭。你吓唬她，她很怕你不爱她，就哭得更凶，而且哭的时候一定要你抱抱。"

原来，妈妈也看得出来，女儿被我吼叫时是多么害怕失去我，我正在亲手伤害自己心爱的孩子啊！我不想继续伤害我的孩子了，我必须改变。

挑战过 21 天每天煮晚餐，挑战过 21 天不对另一半生气，每次挑战我都成功了。既然我已经找到自己情绪失控的原因，要改进就很容易了。

许多事不是做不到，而是我们没有去尝试。面对我与女儿关系的紧张局面，我暗自下定决心：这次，我要挑战 21 天不对女儿生气!

戒吼第 15 天

文 | 李佩芬

管好“婴儿自我”，管教变优雅

我们总是对孩子说，哭没有用；孩子也让我们知道，大吼大叫也没用。

若你能厘清是什么让自己想怒吼，且学会在对的时机才讲道理，你也能成为优雅、理智的戒吼妈。

你是否常因孩子白天的脱轨行为忍不住开骂，晚上又落寞地在网上暗自忏悔？其实，在“大吼”与“愧疚”之间摇摆的你，并不孤单。

获得 2013 年《父母世界》（*Parents*）杂志“最能达成个人目标类博客”一等奖的博主“橘犀牛妈”，家有 4 个精力充沛的小男孩，也曾经是位常被孩子气到发飙的“吼妈”。后来她在自己的博客上宣布“戒吼”，除了自我挑战成功，成为超过 400 天的“淡定妈”外，在 2014 年 1 月，她甚至还在网站上启动“戒吼大挑战 30 天计划”，邀请更多人朝“吼少一点，爱多一点（Yell Less, Love More）”迈出第一步。

你也是“吼妈”一族？没关系，因为太多的妈妈也是如此。但解铃仍需系铃人，要掌控负面情绪，不妨先从心理学开始，尝试了解那位“生气的自己”究竟是怎么回事。

亲子教育讲师，也是许多父母成长团体专业指导者的杨俐容，引用心理学的 PAC 亲子沟通理论指出，每位大人心中都同时藏着父母（parent）、成人（adult）与孩童（child）3种分身。当我们被孩子的行为点燃怒气时，往往也是自己内心那位“孩童分身”冒出头，跟家里的“捣蛋鬼”硬杠的紧绷时刻！“不过千万记得，带着怒气管教孩子，会让我们分析、判断、解决问题的能力急速下降。在这个时间点谈教养，远比没教养更糟糕！”有15年以上亲子团体指导经验的李显文，在长年的“父母效能系统训练课程（STEP）”的学习与实践中，领略到这个平凡却重要的道理。

她在累积多年亲子咨询经验的《高效能父母学》一书中，引述美国心理学家安东尼·沃尔夫（Anthony Wolf）的“婴儿自我”与“成熟自我”的概念：在日常生活里，忠于自己的“婴儿自我”与配合他人的“成熟自我”，就像两个大脑司令，根据情境与需求不同，它们轮番上阵控制你的外在行为。父母的教育目标，就是要学习与孩子“任性的婴儿自我”和平共处，不让它成为破坏亲子关系的凶手；同时也要让孩子“懂事的成熟自我”稳定发展，并内化成为行事规范。李显文说，就像大人受到挫折时，会在信任的人面前大哭、大骂一场或通过疯狂购物来发泄负面情绪，“我们借‘婴儿自我’的任性，释放在‘成熟自我’状态下所累积的压力，这是很正常的。”同样的道理，面对在学校循规蹈矩，回到家却把袜子与书包满地扔、叫不动的懒散孩子，李显文建议父母可以如此解读：那个在外面让他循规蹈矩、快累趴下的“小乖乖大脑司令”——成熟自我，已经卸下任务休息去了；紧接着在我们眼前替补上场的，正是这个已养精蓄锐一整天的“小坏蛋大脑司令”——婴儿自我。

李显文归纳，“婴儿自我”的出现时机有四种：处于私密领域时、与关系亲密的人在一起时、身心俱疲和压力过大时，以及精神太亢奋时。在李显文与上千位华人家长接触的过程中他发现，许多妈妈常发出如下感叹：“我是不是真的不会教孩子？自己好说歹说半天，比不上他老爸出来吼一句？”但李显文的解读却刚好相反：正因为孩子认定你是与他关系最亲密的人，所以他才会在你面前表现出强大的“婴儿自我”，完全不受控制。

因此李显文建议，下次再面对孩子各种令人抓狂的行径时，不妨先尝试转念想成：“唉！这家伙又爱我爱得要命了……”借此来抵消怒气。

无论大人或孩子，每个人都需要“婴儿自我”来释放压力。但年纪越小的孩子越依赖通过模仿来学习，所以协助孩子发展“成熟自我”最有效的方式，正是让他观察、学习父母如何用理智的“成熟自我”来驾驭愤怒的“婴儿自我”。如果父母能在怒气飙升时，慢慢练习用适宜的语言与行为来“戒吼”，那么他们就不仅能做到最佳情绪示范，更能避免在怒气高涨的情况下，出现口不择言的悔恨之举。

平息怒气四步骤：停、想、说、做

小学退休教师、目前在台北市立教育大学特教系任兼职讲师

戒吼便利贴

带着怒气管教孩子，会让我们分析、判断、解决问题的能力急速下降。在这个时间点谈教养，远比没有教养更糟糕！

的郭色娇，是位与特殊儿童相处时间较多的特教老师，她至今仍不断穿梭于各中小学传授经验。在 30 多年的教学工作中，她经历过许多次孩子抓她头发、失控大叫、乱摔物品的情况。曾有同事问她："你为什么从来不会生气？" 她说，在特教领域，我们教导孩子平息怒气的"停、想、说、做"原则，对大人也同样适用。

第一步，一定要先提醒自己"停下来"；第二步，深呼吸，无论是阿弥陀佛或耶稣基督，"想一想"让自己心灵有所寄托的任何神明，并提醒自己回想从事教育工作的初衷与信念；第三步，默念神明名号或教育初衷数遍，不断告诉自己"孩子让我成为更好的父母或老师"；最后，等情绪平复后，再来进行沟通。

她进一步通过引用心理学对"情绪曲线"的描述指出，了解每一次"情绪风暴"的发展轨迹，有效觉察自己与孩子的情绪目前落在情绪曲线中的哪个阶段，并选择合适的语言与肢体动作跟孩子沟通，是有效降低冲突的方法。

她根据杰夫里·科尔文（Geoffrey Colvin）的情绪行为曲线的七个阶段，分别点出不同阶段的沟通之道。

根据这个曲线图，不同情绪期各自有不同的沟通策略。

情绪行为曲线图

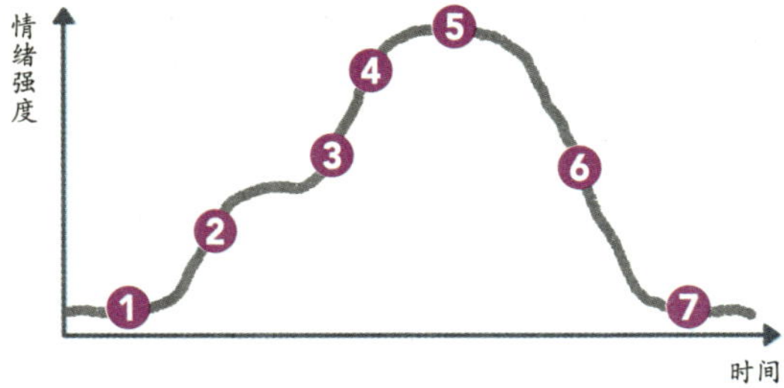

资料来源｜杰夫瑞·柯文

❶ **平稳期：**情绪平稳，是教育孩子的黄金时刻。

❷ **促发期：**使用肯定型语句沟通，协助孩子说出他目前的情绪与想法。

❸ **震动期：**避免落入孩子的语言陷阱当中，探求其语言背后的真正含意；使用简洁的语句，肢体语言、语调与语气要平和。

❹ **加速期：**除了使用前一阶段的沟通策略外，尽量以“同一阵线”或“帮助者”的角色处理问题，避免对立。

❺ **顶峰期：**重视安全，减少语言刺激，下指令以“动词”为主，并且等待情绪高峰期过去。

❻ **缓和期：**对孩子的情绪有同理心，帮孩子把方才的情绪、感觉说出来，要避免长篇大论的说教。

❼ **恢复期：**此时才是跟孩子讲道理的最佳时机。

基本上，只有“❶ 平稳期”与“❼ 恢复期”两个阶段，才是教育孩子的黄金时刻；从“❷ 促发期”到“❹ 加速期”，重点在于“协助解决现象背后隐藏的真正问题”并“转移注意力”。在怒气“❺ 顶峰期”，处理重点则以“安全”为最高指导原则；而进入“❻ 缓和期”后，重点则在于理解孩子的情绪。这套处理策略不仅适用于特殊儿童，对普通孩子的同样有效。

若家长能觉察孩子已经处于躁动、抱怨的促发期或震动期时，就赶快用转移注意力、协助处理等方式化解。“把 80%的力气放在预防冲突上才是明智之举。”郭色娇说。

面对不同年纪孩子的怒气，亲子与教育专家提出了以下分阶段的应对方法。

学龄前——示范正确的情绪与行为

出生后 6 个月，孩子就已经能通过转头、吸吮的方式，表达负面情绪或不安情绪；1 岁大时，诸如生气、害怕、哀伤的原始情绪，也变得更为明显。

笛飞儿 EQ 教育顾问钟佳蓉观察到，许多孩子在描述情绪词汇时有窄化现象，他们只能说出自己是开心或不开心。属于正向情绪的期待、兴奋，或是负向情绪的尴尬、烦躁等，都需要更细致的情绪词汇。父母可以根据自己的情绪去推测孩子的心情，帮助孩子觉察与辨识情绪，并示范正确的表达方式，例如可以问孩子：“你现在很失望、很生气是吗？”或告诉他：“你这样哭，我不知道你要说什么。”新竹教育大学幼儿教育学系助理教授周育如也提醒父母，当孩子在公共场所大哭大闹时，重要的是示范什么是正确的行为模式，而不是指责孩子有情绪是不对的，别让孩子从此不敢表达情绪或成为对自己的情绪有罪恶感的人。

小学生——鼓励自己解决问题

七八岁的孩子通常已经能够整合各种内在和外在线索，根据表情、语言或肢体动作等去了解他人的情绪，也能了解不同的人对同一件事会有何种反应。因此到了小学阶段，"应该开始让孩子练习自己解决问题。"钟佳蓉说。

举例来说，如果你的孩子写了一会儿作业，便不停抱怨作业太多，大人不妨尝试了解他的话背后的真正含意，他是现在想休息一下、喝碗绿豆汤？还是因某个很棘手的作业问题而心烦？此时可运用语言表示对他的理解并给予支持，如"看起来今天作业真的有点多！""你刚刚很努力地写完第一份作业，很棒啊！"更可以问问孩子"接下来应该怎么办"，在一定的范围内，让孩子自己调整写作业的节奏。

有许多大人很不喜欢孩子不停抱怨"好烦、很讨厌、真无聊"。钟佳蓉指出，与其一味压抑孩子不要抱怨，不如让孩子说出负面情绪的来由，进而帮他分析、调节情绪，最后更重要的是引导他正确地应对负面情绪。譬如问他："那么你会怎么办？要怎么处理呢？"

青少年——话要说得"少又巧"

到了青春期的"转大人"阶段，青少年生理与外观的变化给

戒吼
便利贴

孩子在公共场所大哭大闹，重要的是父母要示范什么是正确的行为模式，而不是指责孩子有情绪是不对的。

他们带来了心理冲击，他们对提醒与批评很敏感，情绪变化也很剧烈，常因捍卫自己的隐私、权利或主见，而与父母顶嘴、起冲突，甚至冷战。

面对这样的青少年，一路陪伴孩子成长的妈妈们一定要学会调整爱的方式，帮助孩子顺利转型。杨俐容举例说，这个阶段的青少年最讨厌的是父母的唠叨，包括啰嗦、翻旧账、否定孩子或用“你翅膀硬了”引发孩子的罪恶感等，这些都应避免。妈妈们都应该认识到“唠叨孩子，其实只是让自己心安”的道理。钟佳蓉还以多年从事 EQ 课程的教学经验指出，“通常高年级的孩子会觉得，同样的话讲 3 次就已经太多了！”

常年从事亲子育儿讲座的台北市亲子教育协会创会理事长曾家炎，曾语重心长地提醒父母们，亲子教育不变的铁则之一就是“没有关系就没有管教”，一旦轻易动怒，结果往往只是破坏关系而已，并没有达到管教的效果。从今天起，当你发觉情绪溃堤、愤怒指数直线上升时，记得告诉自己，这是任性的“婴儿自我”在放肆，那么就从此刻起加入“戒吼”的变身行列吧！

Tips

10个法宝，打开情绪救生阀

当血压飙升、情绪濒临崩溃时，“亲子暂时隔离”是绝对必要的。以下整理了亲子教育专家传授的10个妙招，帮助你打开情绪的救生阀。

★ **深层吐纳法：** 什么都别说，请呼吸，再呼吸，深—呼—吸……

★ **默念神明法：** 无论你信奉的是上帝、佛祖、圣母，还是真主安拉……当深呼吸数十秒依然没用时，请再与你的“守护神”交流30秒。

★ **金句记录法：** 就算平时没有与神明亲近的习惯也没关系，你可以抄录育儿金句，火气上升时赶紧翻阅。

★ **美好回忆法：** 看看孩子年幼时期的超可爱照片，想想当年的美好时光，告诉自己当年的小天使依旧在。

★ **劳动忘忧法：** 不论是洗碗、刷马桶、熨衣服还是揉面团，都有助于减少压力与怒气。

★ **公告周知法：** 就像告诸亲朋好友自己要戒烟一般，戒吼也可以借鉴此法，让应援团体监督你。

★ **寻求支持法：** 妈妈“一定要有”应援团，让支持团体监督你。与孩子有冲突时，你可以向你信任的亲朋好友倾诉或找心理咨询机构辅导，赶走情绪垃圾。

★ **换位思考法：** 在与应援团亲友交流的过程中，把自家孩子的问题他人化，或借用其他人的眼睛，换个角度看问题，往往能跳出自我认知盲点。

★ **另觅焦点法：** 通过培养兴趣爱好、发挥专长的方式，不让自己将全部精力聚焦在孩子身上。给彼此一点空间，也让孩子看到你热情投入其他事务的一面。

★ **自我肯定法：** 这很适用于“高自尊”型的妈妈，可以帮她们避免只看到自己的不足，转而经常肯定自己做过的“尝试与努力”，不断激励自己。

资料来源｜笛飞儿EQ教育亲子育儿顾问钟佳蓉、父母效能系统化训练课程资深指导员李显文、台北市立教育大学特教系兼职讲师郭色娇、台北市亲子教育协会创会理事长曾家炎
汇整｜李佩芬

戒吼第 16 天

文 | 李宜蓁

科学育儿，亲子沟通 so easy！

带着最大的善意来跟孩子沟通，但为什么还是以怒吼收场？

想了解孩子为什么“做不到”，就从有科学依据的理论着手，让亲子间“说出好关系”。

全世界超过 20 亿个孩子的父母都在问同一个问题：“为什么我的孩子不听话？”

叫他吃饭，他说要喝饮料；一碗蒸蛋吃半小时；叫他洗澡一定要用吼的；上学后，作业从来不会主动完成；叫他不要玩网络游戏，他还是继续玩；跟他说上课要专心，走出门就忘得一干二净；等到变成青少年，他对你的问话完全没反应；做家务叫不动；要求成绩不要老是垫底，还呛我管太多……

超级乖孩子刚好都没生在我家！一堆叫不动的小屁孩，怎能怪父母爱生气？这些父母内心的独白，只要是养过孩子的人肯定都曾有过。大部分父母每每控制不住对孩子的坏行为发怒大吼后，却又忍不住自问“我是不是个很糟糕的父亲（母亲）”？于是上网写文告解，重启“孩子，我下次不会那么大声了”的矛盾桥段。

这种两败俱伤、心力交瘁的崩溃式育儿，何时才能停止？

五种关卡，孩子根本通不过

专家提醒，父母不断从育儿书上学到"n 招说话术""避开错误句型"，却未曾真正理解亲子沟通为什么会失效。其原因正是父母总是单向检讨自己应该怎么说，却忽略了以孩子为出发点去思考亲子沟通可能存在的五大关卡。

关卡 1　听不懂

父母说的话超出了孩子的认知范围。比方说，你叫一个 5 岁的孩子去"反省"，他头上会冒出很多问号，因为他大脑中掌控反思能力的前额叶尚未发育成熟，根本不知道什么是"反省"。你要求小学一年级的学生写作业要守"纪律"，他也只能当作耳边风。

关卡 2　做不到

当父母一次抛出太多信息时，孩子就无法一次做到位。"要出门了，怎么还慢吞吞的！电视赶快关掉，穿那件蓝色外套，袜子在床上……赶快，你只有 10 分钟！"当时间紧迫时，大人如机关枪般一口气抛出五六个信息，但孩子的脑袋记不住那么多，能抓住的通常只有最后那一句！

关卡 3　答不出

大人气头上说的话，孩子不知道该怎么回应。父母有时会说出像从天外飞来的一句哲学家式的问句，如盛怒之下问孩子："为什么你不让我当一个好妈妈？""你为什么不当一个堂堂正正的好哥哥？"凭良心说，这类问题真的有答案吗？

戒吼便利贴

与其一味压抑孩子不要抱怨，不如让孩子自己说出负面情绪的来由，进而帮他分析、调节情绪，最后更重要的是引导他正确地应对负面情绪。

关卡 4　听不进

对你的反复念叨，孩子自然当成背景音乐。"这道题你明明会，却写错了，还说你检查过？做事情跟你爸一样，不仔细还嘴硬，以后……"当一堆重复地、负向地、夹杂的情绪越来越多的唠叨不断回荡在耳边时，它们会被当成一种背景噪音，孩子可与之自然共存，却完全听不进去，尤其是男孩子。

关卡 5　被误会

父母不给孩子解释的机会，孩子干脆关闭沟通的大门。"王小明，跟你说不要打架，你今天在学校为什么打架，没收 iPad 3 天！""爸！那是因为……""还狡辩！马上没收！"王小明没机会把话说完，其实他是为被欺负的同学打抱不平，他自己也早就后悔了。但王小明没有说话的机会，他已经被贴上"坏孩子"的标签了。

因此，父母要想说对话，不能只顾发泄自己的情绪，而忽略了孩子当下是否准确接收到了你所传达的信息。一定得转个方向，摒除本位思考，了解对方的需求，从分龄的发展理论、脑科学、性别差异、心理学、父母效能学等科学根据出发，理解孩子的特质、能力与局限性，才能说出孩子“听得懂，也做得到”的正面管教话语。

父母先自问：孩子为什么做不到？

周育如提醒大家，当育儿遇到难题时，父母应先自问“为什么孩子做不到”，而非先问“该怎么教”。因为搞不懂“为什么”，却一直乱用“该怎么教”的各种策略，很可能会下错药，完全无效，也只会让亲子沟通越来越困难。

综合发展理论，专家将孩子的年龄阶段划分为学前、学龄和青春期三个阶段，归纳出各年龄阶段对应的发展任务：学前期的重点是“抗挫折能力”的练习；学龄期的重点是“跟学习、纪律相关的自我管理”；迈入青春期最大的挑战则是“自我认同与评价”。

孩子分龄的行为与管教方法的矛盾，经常是源于父母与孩子对这三个不同阶段的任务，有着“质量”跟“速度”的不同标准。

例如，学龄前儿童看到玩具就抢，他们还在琢磨这个世界的游戏规则，学习克服野蛮人的直觉，但父母已经跳到希望教会他等待和讲礼貌。学龄期儿童还在学习培养时间感，试图理解父母气急败坏的“只剩 10 分钟”到底是什么状况，父母却在后面不断催促，一次交待 5 个任务。青少年想用自己的方式交朋友，但父母却老是紧张兮兮地嫌弃孩子的朋友，担心孩子会“被带坏”。

亲子专家李显文回想起两个女儿小学低年级时的情形，一家人侨居马来西亚，午后的雷雨伴随着快速的降温，孩子们容易着凉，因此一下雨，她会希望她们养成关掉冷气的习惯。

有次，雷雨下了一阵子，楼上的冷气还没有关，她努力克制住想上楼骂人的冲动，耐着性子，站在门口等，然后心中倒数3、2、1。开门那一刻，“哔！”她们刚好把冷气给关了，李显文也省了一顿发怒，反而赞美了女儿。

那次经验让她体悟到：“父母容易急，但孩子再快也快不过父母，没有人喜欢做什么事都被盯着、被唠叨。父母并不用那么急着做些什么，只要愿意等一下，孩子总是会做好的。”

懂得切换身份，好话永远要比坏话多

父母除了从科学角度来了解孩子的状态以外，也要跟着孩子长大，不断变换自己的角色，才能找到亲子互动的最佳舞步。

学龄前儿童需要在向外探索中找到自我肯定，此时的父母是示范正确行为、给予适切赞美的“教练”。学龄期儿童需要一些策略当支撑，不断寻找学习中的乐趣和内在动机，此时的父母是协助者的“顾问”角色。青少年追求自主与自我了解，此时的父母则是稍稍往后退的“盟友”角色，在信任孩子的前提下帮助他们成长。

在盛怒之下说出的不恰当管教语句往往比不说还糟糕，因此，父母能否有“戒吼”的自觉性，是开启亲子沟通诚意的第一扇大门。

搞懂孩子，亲子沟通 so easy！

年龄阶段	4～7岁，学龄前	7～12岁，学龄期	12～15岁，青春期
发展任务	抗挫折能力练习	培养学习方法与自律	自我认同与评价
正向成果	通过控制冲动、延宕满足的练习，逐渐学会调解自我与外界需求的矛盾，正向面对各种挫折，发展出责任感。	学习上，认知特点从具体思考逐渐进步到符号化与抽象思考；通过接受挑战，获得自律与自信。	大脑前额叶快速发展出反省、监控、规划等高度思维能力；通过探索自我的特质、能力、兴趣、价值观等思考未来人生。
发展危机	这个阶段的孩子若被过度压抑，容易心怀愧疚或背负罪恶感、畏首畏尾；但过于纵容，则容易任性、自以为是。	若父母过度重视竞争与比较，自我感觉不如人的孩子会有自卑感；常得胜的孩子也会容易骄矜自喜或害怕失败。	无法达成自我认同的青少年，因缺乏人生方向，易随波逐流；或因对成人世界有敌意，而显得莽撞冲动。
教育方法	1. 下达指令应具体、清楚、不复杂。2. 鼓励孩子尝试错误行为，重视过程，避免指责。3. 设定底线，思考行动与结果之间的联系。	1. 观察孩子的能力，给予适当的提醒策略。2. 稳定生活节奏，提升孩子的可预测度与成就感。3. 提供可养成好习惯的空间，增强成就感。	1. 话少一点，倾听、理解多一点。2. 提供更宽广的自主空间，欣赏他们的成就与独立表现。3. 与孩子一起讨论仍需谨守的规范。

资料来源｜《皮亚杰认知发展理论》《艾瑞克森心理社会发展理论》，杨俐容《30招，教出高EQ孩子》

整理｜李宜蓁

戒吼便利贴

妈妈们都应认识到“唠叨孩子只是让自己心安”的道理；通常高年级孩子会觉得，同样的话讲3次就已经太多了！

台北市立联合医院妇幼院区早疗中心主治医师罗筠认为，很少有亲子关系会因为某一句话的失误而永远打结。双方互动不好，其实都是来自慢性、长期的“侵蚀”，比如父母经常无意识地否定孩子。

每当家长来到罗筠面前说青春期孩子有多坏、多不听话时，罗筠都会反问父母：“为什么一定要讲赢孩子，早骂、晚骂真的有差别吗？”她也会请家长练习“好话要比坏话多”的说话原则，刚开始你可能会觉得很困难，但说久了会变成习惯。常听好话的孩子会心怀感恩，因此要时常发现孩子“小小的好”，例如注意到汤洒了却能自己擦干净这种小细节。

有个妈妈在李显文的父母效能班上课之后，回去一改之前开口就指责孩子的风格，开始学着理解孩子的情绪、使用很多以“我”为开头的句子。后来孩子忍不住疑惑地问：“妈妈，你最近讲话好奇怪，都不讲‘重点’了！”李显文笑着说，这位妈妈应该觉得很骄傲，因为她正在用高度自觉对抗说话的惯性。

说话术像抛接球，说完了还要记得聆听对方的响应。黄伟俐诊所心理咨询师陈品皓提醒大家，沟通是指彼此双向交换信

息的行为，不是由父母单向告知、发出指令要求孩子拥有 4

执行。因此孩子的感受和想法必须得到一定程度的重视，"爸妈真要学沟通，就得先调整自己的姿态，是高高在上、目中无人，还是蹲下来、直视孩子的目光。"

对父母来说，直接下指令、要孩子别啰唆，比小心翼翼说每一句话、一次次给他们机会练习思考与做决定，容易太多太多了。要改变这一点并不容易，但只要开始改变就是成功的一半。从今天起，做那种"三思而后说"、沟通高效能的父母吧！

戒吼第 17 天

文 | 李宜蓁

换种说法，让宝宝心甘情愿听你的

4~7 岁孩子的发展重点是“培养抗挫折能力”。

亲爱的妈妈，请扮演好教练的角色，学着耐心等待，让孩子有机会自己来。

学龄前儿童最重要的人生功课是学习忍耐和养成习惯等待。因为这个阶段的孩子正要从“小野兽”迈向“文明人”。天才领袖亲子教育集团首席执行官王宏哲说，他们最需要对抗的，就是自己的好恶与本能，这些小野兽再也不能饿了就要吃、看到玩具伸手就拿、想说话就插嘴了。

4~7 岁的儿童必须修炼“等待”的人生功课，因为这将关乎他们未来的发展。《儿脑开窍手册》作者、神经科学博士桑德拉·阿莫特（Sandra Aamodt）认为，学龄前儿童越能抗拒诱惑，未来的学习成绩就越好。而这个阶段，孩子的大脑中负责冲动控制、专注、判断、决定策略的前额叶，仍处于发育的初始阶段，需要大人运用“转移注意力”或“暂时隔离”的方法，帮孩子建立克制“小野兽”冲动的习惯。

“小野兽”转型成“文明人”的另一个挑战，是他要开始融入集体生活，学会“符合团体规范”的等待：荡秋千要轮流，拿点心要排队，上足球课则要等别人把球踢给他。与转型中的小野兽对话，诀窍是要用肯定与鼓励来让孩子克制冲动，并学习愿意等待，并且要坚定原则。在学习等待的过程中，引导孩子慢慢思考行为与后果之间的联系。

以下列举几种最常发生在父母与学龄前儿童之间的亲子对话，根据理论研究与专家建议，提供给家长更具科学性的说话方式，让你跟学龄前儿童沟通，不再火冒三丈！

NG 说法 **好啦，好啦，别闹了，我买给你就是了。**

OK 说法 **我知道你想要变形金刚，出发前我们说过今天只买水壶，不然我们来跟圣诞老公公许愿，圣诞节他可能会送你喔！**

研究剖析

心理学的"棉花糖理论"指出，幼时满足延宕的孩子，到了青少年时期，比较理性、专心、抗挫折能力强。但孩子并非天生就习惯等待，其对治策略是让孩子关注其他有趣的事情、暂时离开引发哭闹的场所。

台北长庚医院儿童心智科临床心理师高正德建议，遇到这种情形，要用行为治疗的"ABC 理论"来加以修正。当孩子吵着买玩具（A 前置事件），因而大哭大闹（B 行为）时，大人若买了玩具（C 结果）会回头强化 B 行为（哭闹）。为了截断 ABC 模式，可以采用暂时隔离（带到楼梯间）、转移焦点（去看不会引发吵闹的物品），让孩子从练习中知道自己需要等待，且等待后会有更好的结果。

NG 说法　**哭什么哭，玩游戏而已，不要那么输不起！**

OK 说法　**可以告诉我你怎么了吗？你不喜欢输对不对？**

研究剖析

《儿脑开窍手册》指出，学龄前儿童不好带的重要原因是，掌管原始情绪的神经系统比负责诠释和管理情绪的区域还要早熟。在孩子的自我调控能力发育成熟以前，父母需要跟他一起谈论情绪、认识情绪、辨识需求，并找出应对的方法。任何情绪都是自然且正常的，父母若压制、否定孩子的情绪，会让他们成为情绪哑巴。若孩子感到被了解与被接纳，情绪得到宣泄，头脑就会变清明，也就学会用理性面对问题。

心理咨询师陈品皓指出，心灵的抗挫折能力并非天生的，每个孩子各有一套情绪波动基调，父母必须先做到理解、接纳，陪孩子一同面对失败、解读挫折，下次再试着改变策略。

NG 说法　**系鞋带花这么长时间，动作太慢了，娃娃车要跑掉了啦！**

OK 说法　**你很棒，想要自己系鞋带，不过现在娃娃车在等你，晚上我们一起练习，就会系得又好又快！**

戒吼
便利贴

当育儿遇到难题，父母应先自问“为什么孩子做不到”，而非先问“该怎么教”。因为搞不懂“为什么”，却一直乱用“该怎么教”的各种策略，很可能会下错药。

研究剖析

大脑回路要自己走过才能留下痕迹，学龄前孩子万事都想自己来，对他们来说每个尝试都充满乐趣和新鲜感，他们想要帮忙拖地、洗菜，却好像越帮越忙。因为他们的大脑必须经历错误尝试，才能找到最有效的路径。

回想每个人第一次系鞋带的经历，谁不是慢慢地、仔细地把这条翻过来、那条穿过去。但案例中的父母显然把系鞋带这件事错置在时间紧迫的上学时刻，此时，父母不该用负向语气责骂孩子笨或动作慢。因为他不熟练，所以动作慢是必然的。父母也不该每天都帮他系鞋带，而是应该选个合适的时间，示范怎么系，鼓励孩子自己来，增强他的成就感，培养他主动探索与迎接挑战的习惯。

NG 说法　**王小明！不要看电视了，来洗澡，你有没有听到？动作快点！玩具玩完为什么不收？把房间里的玩具箱拿来，把玩具放进去！怎么还在发呆？**

OK 说法　**来，我们一起把玩具收好，然后 8 点一到就去洗澡吧！**

研究剖析

心理咨询师陈品皓提醒大家，很多亲子对话都是“有听，没有到”。比如小明在客厅看电视，妈妈在浴室呼喊，他很可能根本就没接收到信息。

想要有效沟通，首先要抓住孩子的注意力，与孩子目光相对再说话，并请孩子复述一次信息；其次要注意信息的长度与复杂度。

王宏哲提醒大家，学龄前儿童的工作记忆较短，无法适应成人的语言模式，所以父母在传达信息时必须简短具体。中班的孩子大概一次可以记住 3 个彼此相关的信息指令，如果信息是正面的、为孩子所喜爱的，孩子听觉打开后会再试着打开其他感官；但若是重复性高、掺杂过多情绪的负面碎碎念，他们真的会“左耳进、右耳出”，关闭各种感官来消极应对。

NG 说法　**张小华，软糖呢？还说你没吃，说谎的小屁孩，给我去厕所好好反省！**

OK 说法　**小华，妈妈看你好像很喜欢那种软糖，对不对？**

研究剖析

因为掌管监控反省能力的前额叶至少要到青春期才能发展成熟，当父母要求一个 5 岁的孩子到厕所反省时，他只会玩马桶里的水，结果让人更火大。周育如说，父母对孩子的要求必须符合孩子各年龄段的发展特点，避免快速落入道德说教，造成不必要的误会。

父母发现孩子骗人，大多数的反应是生气斥责。但孩子的心智能力尚在发展进步中，他们必须学会判断情势，知道自己的目标，能够从别人的角度看事情以后才能做到成功地"欺骗"，所以此时的他不可能是恶意欺瞒，也许只是怕被骂，此时父母更应该做正向引导。又如，一个 5 岁的孩子很爱妈妈，她送给妈妈的生日礼物是她最爱的洋娃娃。这个不叫"自私"，而是她还没办法站在妈妈的角度思考，选妈妈喜欢的礼物，于是她就把自己的最爱当成礼物。

NG 说法　**把妹妹弄哭很好玩吗？你为什么就不能当一个好哥哥？**

OK 说法　**妹妹很爱拿你手上的玩具，你不开心，下次该怎么做？**

研究剖析

男孩和女孩的脑部结构与发育程度有所不同，父母越早认清他们生长发育上的特性，越能给他们提供更适当的教育方法。

情绪处理上，男孩的情绪表达发展比女孩慢了 2 年，因为男孩掌管情绪的部位在于较原始的杏仁核，跟语言区的发展不密切；相较之下，女孩多使用大脑皮质部位来处理情绪问题，因此较易用语言表达情绪和感觉。

戒吼便利贴

学龄前儿童需要在向外探索中找到自我肯定，此时父母应扮演的角色是：示范好行为，并给予孩子适切赞美的“教练”。

男孩的杏仁核区域比较大，因此比女孩更容易冲动。此外，女孩的听力也比男孩好一些，对男孩讲话要大声点，但对女孩则不能太大声。视觉系统上，男孩会较先注意到“动作”，女孩则先注意到“颜色”，因此画画时，男孩较常使用黑灰色，画动态图像（譬如火箭飞上天、车子相撞）；但女孩爱用红、橙等颜色，爱画静态图像（譬如妈妈、公主或小狗）等。父母对男孩提问时，与其问“你感觉如何？”不如改问“假如你是某某某，会怎么做？”会让男孩较容易作出回答。

父母扮演的角色：教练

周育如说，学龄前儿童的父母除了照护、陪伴玩耍、给予安慰以外，也必须像勤劳的教练一样，帮孩子搭建一条从“本能”到“好行为”的重要桥梁。

父母得先设定一些孩子能力可及的好行为列表，并将任务切分成几个简单步骤，以具体、清楚、不复杂的话语传达给孩子。父母像教练一样先示范一次，再带孩子做一次，一次次练习后，确认孩子可以自己做了，再交给他们自己来做。

父母教练的重点应放在"搭建的过程"，而非只专注结果，甚至给予指责。当孩子做到以后，也别忘记要给予他们适切的赞美、鼓励。

例如收玩具，父母必须清楚告知孩子怎样才算整齐、清洁。花时间跟孩子一同收拾房间、将玩具归类，等孩子收拾好以后，再称赞他们是爱整齐的好孩子，将好行为内化成好的自我概念。

戒吼第 18 天

文 | 李宜蓁

孩子刚入学，帮他养成好习惯

7~12 岁的孩子，发展重点在于自我管理。
孩子需要父母扮演一位称职的“顾问”，帮他养成好习惯。

7 岁的孩子开始上学（每个地区的入学年龄会有不同），学习是他们的生活重心。这阶段孩子的发展重点是与学习相关的各种自我管理能力，如准时完成家庭作业、做好时间管理、写笔记、使用学习技巧、控制冲动、做规划等高度思维能力。

比方说，当孩子的背诵练习到一定程度后，会发现大声念出来或背给爸妈听的方式很有效，于是自己逐渐发展出一套背书的策略。他们也在学习估量自己的时间管理能力，当看到今天有 3 项作业时，他们应该能做出简单预测——大概可以在妈妈洗好碗以后写完，并能够尝试规划时间、安排做事的先后顺序。

小学阶段的孩子更需要培养“延宕满足”进阶版的能力。王宏哲分析，此阶段孩子练习等待的目标已不只是“等 15 分钟再吃糖”，而会升级为与学习相关的许多事务。比如，孩子若能做到耐心等待，则上课、写作业或考试都会很专注，面对问题能冷静思考，而不会落入考试陷阱中。

7~12 岁的孩子，也开始享受学习的成果。这个阶段的孩子爱思考、爱问问题、喜欢举一反三，他们的喜悦跟满足，已不再单纯来自吃冰激凌或出去玩，而是开始从学习中获得挑战的乐趣。

亲子教育专家杨俐容在《情绪教养，从家庭开始》一书中分析，学龄期孩子联系行动与后果的能力增强，刚萌芽的克制机制若能得到滋养，就可以体验满足延宕带来的成就感与快乐。

培养能力的练习可能枯燥无味，但是从“不会”到“会”的过程，却能带给学龄儿童莫大的成就感和快乐。

以下列举几种最常发生在父母与学龄期儿童之间的家庭对话，根据理论研究与专家建议，提供给家长具有科学依据的说话方式，让你在跟学龄期儿童沟通时更得心应手！

NG 说法　**现在几点了？还不快去写作业！**

OK 说法　**今天有几项作业？你打算花多少时间完成，什么时候开始？**

研究剖析

孩子的时间概念得从小开始培养。方法一，让孩子从完成某件事来认识“时间长短”，例如玩一盘象棋需要 10 分钟、自己洗澡需要 20 分钟等，可搭配玩具时钟或定时器等工具辅助计时；方法二，让孩子从结构化的作息中，了解自己做事的速度，从而逐渐培养自我预测、做计划与监控的能力。

孩子对时间的认识顺序，是先理解未来，然后再理解过去。大体来说，小班的孩子可以开始理解过去的意义。高正德提醒大家，培养时间感最简便的方法，就是将每天的生活节奏稳定下来，让孩子可以预测与掌控未来将要发生的事件，这样，时间管理策略才能通过稳定的生活节奏慢慢“磨”出来。

举例来说，可以让学龄期孩子制作“生活事件顺序卡”，列出吃饭、写作业、在家玩、洗澡、睡觉、出去玩等事项，请孩子每天放学后练习。先挑出今天会发生的卡片，再排列顺序、分配时间，确定可行性后再去做，睡前再统计目标达成率和计划实施程度。

NG 说法　**房间乱七八糟，东西乱丢，丢了就忘，简直跟猪窝一样！**

OK 说法　**你床上已经有三分之一的空间都被衣服占据了！**

研究剖析

当孩子迈入青春期，他（她）希望拥有自己的房间，却无法做到自律或不会整理，这经常引发亲子间的冲突。

对此，亲子教育专家杨俐容建议父母们，可采用“我懂你，你懂我”的沟通模式，尊重每个人对整齐清洁的不同感受与标准，也设定合理的底线（如不在房间吃东西），共同制定规范。

接下来，使用“加减乘除”技巧来执行。所谓“加”，指的是增加环境中的有利因素，如是否有方便装脏衣服的篮子或挂衣服的挂钩。爱干净的孩子可用开放式书架，自律性较差的则用有门的柜子。“减”，则是去除环境中的不利因素，自律性较差的孩子要尽量简化生活空间，房间不能有太多装饰品，如房间内只摆

> **戒吼便利贴** 培养能力的练习可能枯燥无味，但从“不会”到“会”的过程，却能带给学龄期儿童莫大的成就感和快乐。

放课本，课外书的购买也要有限制，且一律放置在公用书柜中。

至于"乘"，是指在装修房间时，就预先规划好物品陈设和摆放位置，让房间的功能性从一开始就体现出来。而所谓的"除"，则是大事化小，厘清问题点。有些孩子虽然房间凌乱，但他与别人相处时懂得自制或者每逢大考就会自动整理，父母其实可以稍稍宽心，不必那么焦虑。

NG 说法 **快期中考试了，你到底有没有念书？**

OK 说法 **如果想要期中考试的数学比上次进步，你觉得有哪些方法可以试试？**

研究剖析

英属哥伦比亚大学心理学家戴蒙（Adele Diamond）指出，一个孩子的大脑执行功能（executive function，简称 EF，包括动机、计划、有效执行等），比智商更能预测孩子的学习表现。而哈佛儿童发展研究中心主任熊可夫（Jack Shonkoff），则把 EF 比喻成"监督脑部活动的空中交通指挥员"，因为它专门负责处理令人感到困惑、无法预测的情况与信息。

将 EF 对应到学习上，涉及的有作业组织能力、时间管理、掌握学习技巧、控制冲动、合理规划、自我调整等方面，且 EF 可以通过练习不断得到提高。心理学家达克沃斯（Angela Duckworth）在《孩子如何成功》一书中，曾提供了一个"如果……那么……"的思考法。让孩子想想，为了得到"圆满的结果"，他们必须克服过程中"可能遭遇的障碍"，进而想出具体的改善计划。

以下面这个情境为例："如果我放学后写作业，会因为看电视而分心，那么我就要等做完作业才能看电视。"而例子中的孩子需要根据对自己能力的了解，把时间往回推，做出长期、合理的预测与计划。

NG 说法　**什么烦死了，还不是你一直忘东西，我才会每天提醒你！**

OK 说法　**来，明天上课要带哪些东西？我们一起来看看！**

研究剖析

学龄阶段的孩子容易忘东西，碰到这种情况，家长可以从两方面来观察：一是他是否有协助策略；二是他是否有意愿承担合理后果。

短期工作记忆可以靠多重感官来增强。如每周帮孩子送作业本到学校的父母，可以与孩子一起制作"丐帮宝袋"，在红白塑料袋上标出学校需要的物品名称，然后绑在书包上，每天睡前检查一遍。还可以用"拍照提醒法"，将书包内的必备物品拍成相片，直接贴在书包打开的内侧，让孩子一看见就会想起来。

若孩子没有记忆力不好的问题，只是缺乏意愿，可用"激将法"，你可以说："你这样太吃亏了，同学都以为你记性不好。"还可以用"自行善后法"：没带作业，只好接受老师的惩罚；一直弄丢水壶，只好渴两天。

提醒经常心软的父母：一边碎碎念，一边又帮忙收拾、善后，只会阻碍孩子的成长与承担责任。

NG 说法　**每次写作业都不专心，我一离开，你就给我折飞机、玩橡皮！**

OK 说法　**今天的数学题比较难吗？我陪你看一下问题在哪里。**

研究剖析

专注力是学习的基本保障，但专注本身包含多个心理与生理上的连续过程：接收刺激，对刺激做出分析，对同一时间接收的刺激排出先后顺序，将精神集中在其中一项刺激上，安排顺序做出反应。

一般来讲，7~10 岁的孩子可持续专注某件事的时间约 20 分钟；10~12 岁的孩子可专注约 25 分钟；12 岁以上的则可达到半小时。

提升专注力的学习习惯可依照以下方式循序渐进地进行培

戒吼便利贴

学龄期儿童需要策略当支撑，不断寻找学习中的乐趣和内在动机，此时父母应扮演协助者的“顾问”角色。

养：1. 依照孩子的专注程度，将学习时间划分为一个个段落，每段时间不要过长，15~20 分钟即可。2. 学习内容交替进行，如先写汉字，后算数学题，然后背课文。3. 中场休息不过嗨，休息是必要的，但休息时不宜从事使人精神过于兴奋、难以收心的事（如玩游戏）。4. 创造成功经验，孩子努力专注时，父母要给予鼓励、肯定，别只顾着纠正坐姿和错误。

父母扮演的角色：顾问

高正德说，学龄期儿童是一台已经装好一部分软件但内存还不是很大的计算机，需要正确的使用方法，才能提升运转效能。孩子既然具备了一些基本能力，此时父母就没有必要再像学前阶段那样亦步亦趋，帮他们做很多事情，而是要升级为提供有效策略的顾问。

父母要逐渐改掉过去直接下指令的教育方式，避免孩子只学到“跟随指令”的低阶能力。要搭配孩子的学习强项，如听觉型、视觉型、动手操作型等，在任务进行中给予各种感官的提示和辅助。

譬如，让小学二年级的孩子帮忙去超市买东西，购物清单最好使用文字加图案的方式，这样目标达成的准确度会明显提高。孩子出门容易忘东西，可发明一套有趣的口诀，出门前念诵一遍。等孩子养成了习惯，父母的提示便可撤销，因为他们已将较高阶的能力慢慢内化，开始摸索出自己的一套学习策略。

戒吼第 19 天

文 | 李宜蓁

面对青少年，让他练习做主

12~15 岁的孩子，自我意识高涨，希望父母把他们当大人。这个阶段，最重要的是父母要帮助他们了解自我，并成为可随时扮演支持角色的“盟友”。

孩子的大脑和身体，在青春期会进行一次空前大改组：第二性征出现，认知能力逐步成熟，能做很多关于未来的思考，会想象自己以后变成什么样的人。青春期孩子需要学习的重要功课是，如何从外界的回馈与自我反思中，正确地认识自己。青少年大脑前额叶开始发育成熟，自我监控能力慢慢出现，他们开始学习反省，也会通过学习来认识自己的各种能力。

这个阶段的孩子有特殊的“自我中心思考”，有种“全世界的人都在看他们”的错觉，所以他非常在意别人的眼光，长一颗痘痘就不想去上学了。就情绪发展来看，一般而言，女孩从小就一直在学习控制“踩刹车”；男孩却因睾固酮分泌旺盛，因此会不断“踩油门”。

同伴也是青春期孩子认识自我的重要媒介之一。亲子专家李显文说，青少年非常重视同伴关系，比起小学阶段，青春期孩子需重点学习如何跟朋友培养深入的友谊，如何愉快地融入集体中，如何找到一个舒服的位置自处；学习如何平衡讨好与不委屈之间的关系；学习即使跟朋友意见相左，也能自信地表达出来；学习怎么看待别人，也知道别人怎么看待自己。以下列举几种父母最常与青少年发生冲突的情境，根据理论研究与专家建议，为家长提供具有科学性的沟通方式，让家长在与青少年沟通时，不再变成喷火龙！

NG 说法 **我一个人像说单口相声一样问了半天，你就只回答“还好”“很烦”，你眼中还有没有我这个妈！**

OK 说法 **你今天看起来有点累，妈妈很想知道社团的事情后来怎么样了。等你洗完澡休息一下，想说的时候再找我。**

研究剖析

省话一哥、一姐的父母最需要学会让对话继续下去的技巧。青少年的沉默和回答简单或许是在试探对话的安全感，没有人会希望一开口就被骂，也不喜欢被唠叨。日本杂志《AERA 少儿版》分析，亲子对话可能有以下四大障碍：孩子的话总是没说完，孩子表达能力不好，孩子的话中有不雅字眼，迂回、负向的沟通语言。

要终结面对“省话族”的噩梦，父母要切记“先听再说”的原则。比如让孩子先把想说的话说完，并重复孩子的话，表示你已听到；有些孩子习惯用单字陈述事情，父母请先拿出耐心，协助他们把话凑成完整的句子；青少年说话中夹杂一些不雅的字眼是很正常的事，父母切勿马上开始指责“为何说脏话”而让对话中断，可鼓励孩子先用其他文字取代不雅字眼，表示父母理解其感受；父母也要记得戒掉“总是”“每次”等夸大性的副词，不使用讽刺、打击的负向语言。

NG 说法　**什么叫作你检查过了？我一再提醒你，你怎么还是这么粗心？**

OK 说法　**这几道题你应该都会，但是都写错了。要不要回想一下，考试的时候你是怎么想的？**

研究剖析

成绩虽然不是衡量孩子表现的唯一标准，但王宏哲认为，从孩子的学习表现上却能看出一些值得注意的信息，父母必须多一些分析和判断，不要直接给孩子贴标签。

比方说，某次大考孩子的某个优势科目突然考得很差，先别责备“你明明就会，为什么粗心？”而是邀请孩子先还原考试当时的思考方向，再做分析。也许是考题有陷阱；也可能是当天学校隔壁工地特别吵闹，使他分心；也可能是这次全班的成绩都不好；也可能是孩子做完题后没有检查，答题习惯过于轻率。

王宏哲也提醒大家，有一些父母会怪孩子练习不够认真，想让孩子反复练习，但这不一定是问题症结所在，得找出确切原因之后给出诊断，才能真正帮助孩子进步。

戒吼便利贴

在盛怒之下说出的不恰当的管教语句往往比不说还糟糕，因此，父母能否有“戒吼”的自觉性，是开启亲子沟通诚意的第一扇大门。

NG 说法　**我才说你一句，你就顶九句，啊！你现在怎么这么不耐烦啊！**

OK 说法　**吃完饭洗碗是我们说好要做的家务，坐下来，你现在很烦是不是？发生什么事了吗？**

研究剖析

身心都处于“狂飙期”的青少年很容易与父母发生冲突，此时父母更要跳出来，扮演力量强大的刹车系统，而不只是使用情绪化的语言，大加斥责，才能在思辨能力上帮助他们成长。

周育如说，青少年的认知会从绝对的、一元化的直线僵化思考发展为相对的、多元化的批判思考，因此他们会对看不惯、看不顺眼的事发表意见。这表示他们的思考习惯开始萌芽，身为父母应该对这样的变化感到欣慰，并且要用高质量的对话和引导方式，持续灌溉他们的思维。

但是不可否认，青少年的挑衅行为很容易让父母也跟着武装自己。李显文提醒大家，父母一定得先想法子让情绪稳定下来，厘清问题根源与责任归属，这样头脑才会重新清明起来。此时父母必须先倾听孩子的心声，让孩子把话说完，再冷静地选择最佳对策。

NG 说法	**早就跟你说过不要交这种朋友，你看，出事了吧，活该！**
OK 说法	**我尊重你交朋友的权利，但我也有些担心想让你知道……**

研究剖析

青春期孩子友谊至上，不过对于孩子的某些朋友，父母可能会有意见。杨俐容建议，孩子的交友问题可以用三个步骤来解决。

一是确认孩子跟朋友的交往是出现了客观问题还是产生了主观困扰？比如一种情况是孩子为了维护友谊，常大把花钱，还跟父母借钱；另一种情况是他的朋友不太合你的眼缘，两者要先界定清楚。若是客观问题就须立即处理，与孩子重新沟通零用钱的使用原则；若只是你看不顺眼，可慢慢学会欣赏孩子的交友标准，虽不喜欢但仍要尊重。

二是亲子之间必须先沟通友谊行为的底线，例如若发生偷窃行为，孩子被他的朋友要求散心，那么孩子应该怎么做？并用客观事实举例，"因为过去曾经……所以我会担心有……的后果。"

三是当孩子被友谊困扰时，父母不要轻易否认或轻视，应倾听孩子的心声，并把握"最小干预"原则，如果结果不是无可挽回，那么让孩子自己决定怎么处理会是较好的做法。

NG 说法 **你的报告很棒啊，老师、同学们都不懂，不要没自信嘛！**

OK 说法 **你的 PPT 很有内容，如果呈现方式更精简一点，一定会更棒！**

研究剖析

对待青少年不能再用对待小宝宝的那套“你好棒”的空泛赞美了。陈品皓建议，亲子之间讨论一件事，可以从四个角度将具体概念厘清，如报告做得不够好（事实），父母有点惊讶（期望），因为孩子能做得到（能力），是不是 PPT 字太多（落差）。

陈品皓说，要让青少年检视、反思与自我肯定，可常常使用这个问句：“你怎么办到的？”利用一件事情的前后时间差，让孩子看见自己以前跟现在的差别，帮助他们认识自己。借这个问句，不仅表面上赞美了孩子，还潜在地肯定了孩子很有能力。

李显文常跟两个女儿天南地北地聊天。她发觉，开始就让青少年聊自己的事很别扭，不如从聊父母、聊别人、聊一则新闻开始。聊天中亲子之间单纯分享观点，中间切忌打断、纠正或者回过头来再进行训斥。经常跟孩子做思考练习，让孩子有机会自我沉淀。

父母扮演的角色：盟友

罗筠认为，青少年期儿童跟幼儿期一样，也是个急于挣脱父母、寻求独立的发展阶段，只不过差别在于：幼儿是在肢体上挣

戒吼便利贴

青少年追求自主和自我了解，此时的父母，最好能退而扮演“盟友”角色，站在信任孩子的基础上，帮助他们成长。

脱，青少年则追求心理上的独立。因此父母不再被期待花大把时间陪伴他们，也不能再以高高在上的姿态下达指令，反而要像是站在同一阵线、共同面对和解决问题的盟友一样。

这个阶段的父母应自问是否了解“孩子的沟通风格”，在哪种状态下跟孩子沟通最有效？抓住沟通最省力的杠杆点，比如有些孩子超爱面子，给他一点主导权就很好说话，但只要他发现别人话里透着讽刺的意味就会抓狂；有些孩子表面上看起来很温顺，但私底下爱搞小动作等。

请父母找出孩子沟通风格的目的并不是要讨好他们，而是要去研究“我的孩子吃哪一套”。比方跟孩子谈玩游戏的话题，他们就很能聊；煮些好吃的食物，谈话气氛就很融洽等。

若父母能忍住责骂青少年的冲动，换个角度跟他们站在一起，以盟友的身份一起想办法，解决问题，那么不必大人要求，他们自己也会用更理性的态度反省自己。

放下“我都是为你好”的大旗，梳理自己的负面情绪，聚焦在青少年做得好的行为上，亲子间的沟通将会更加顺利。

Jaguar 小姐 聊心事 4

挑战 21 天不对孩子生气事件簿

从大吼大叫到冷静淡定

继上回去基隆海洋科学博物馆发生的亲子暴风雨后，故事还没结束。这也让我学到：心结没打开，负面情绪会继续纠缠。

也许是因为那天被我吼了一通，之后我也没再跟她沟通那天的事，接下来几天女儿的情绪变得更糟，一点小事就发脾气。

一天晚上，我们去听音乐会，她先是吵着不要进去，然后进去没多久又吵着要出来，搞得我们人仰马翻。有一天下午放学时，她看到同学的爸爸骑自行车来接她同学回家，她也吵着现在就要我回家骑自行车来接她，简直是无理取闹。这几个事件都“值得”我再次生气吼她，然而既然立下挑战 21 天不对她生气，我必须另寻出路。首先，就是要做到不对她生气！

挑战不生气之路

“避免第一线冲突”是首要目标，先拉开距离、不随之起舞，等风暴过后再作打算

挑战的前 3 天，女儿又是一起床就闹脾气，一下子要我走开，一下子又要我过去。为了避免掉入负面情绪的漩涡，她一开始哭，我只轻轻说声：“Oh！ Oh！”就默默转头离开现场。看我走了，她哭

得更大声，嘴上喊："麻麻来！麻麻来！"然而我知道在情绪的浪头上，任何对话都是火上浇油，因此我选择先不进入她的视线，一切等她发泄完再说。

几天下来，我发现拉开距离的效果极佳。少了我在旁边，她可以放肆宣泄情绪，大约10~15分钟，她会自动停止哭闹，主动过来找我示好，有几次则是我若无其事地去找她。当她情绪稳定后，我绝不落井下石地责怪她，我只是充满理解地抱抱她，再恢复日常生活。这样的处理方式让女儿的情绪恢复得很快，不像以往那样一波未平一波又起，两人也不会冤冤相报了。

大人先稳住阵脚，用平静的态度面对

有时候，她拼命地找麻烦，看我离开现场，她不死心地追过来。有次我看她又开始闹，就默默离开去吃早餐，她追到餐桌旁，在我耳边哭得更大声。我跟先生面对面坐着，仿佛没有听到她的哭声，若无其事地聊天。她哭了一会儿，发现我们并没有受影响，她反倒开始听我们聊天，自然而然地就不哭了。有天早上她又发"起床气"，趴在客厅地垫上哭闹，哭得满头大汗，我一声不吭，默默为她打开电风扇，吹了阵凉风后，她也就不哭了。

还有一次，她半夜醒来，莫名其妙地吵着要她的玩偶“冰冰的”，困得不得了的我其实很生气，但我只是继续闭着眼，不对她动怒，她哭了5分钟，自己就睡着了。

经过几天练习，我发现许多时候，孩子只是需要一点时间与空间发泄情绪。以前之所以会与她发生情绪战争，是因为我把她闹情绪视为一种挑衅。当我把矛头指向自己，自然就无法置身事外，结果就演变成“大吼大叫”与“大哭大闹”的亲子混战，两败俱伤。

当我调整好心态，理解孩子的哭闹其实是有别的原因，而不是针对自己时，心理上就比较能淡然处之。我可以把距离拉开，而非正面迎战。少了来自父母的情绪压力，孩子才有更多空间专心处理自己的情绪问题。

当孩子在外面哭闹时，想办法转移孩子的注意力

然而，当孩子在外面闹脾气时，情况就复杂多了，我无法留她独自一人在那儿哭，别人也不见得能忍受我的孩子连续哭 15 分钟，因此处理的难度倍增，需要的耐性加倍。在挑战 21 天不生气的最高指导原则下，我的方法是想办法转移她的注意力。

挑战第 4 天，女儿很反常地吵着不想去上她最喜欢的音乐课，眼看上课时间快到了，我实在很想把她拽进教室，但我忍住不发脾气，不想陷入是否要上课的争战中。我只是对她说："看，小朋友们还没有进教室！趁现在还有很多位子，我们赶快进去选喜欢的座位好不好？"女儿一听，很高兴地说"好"，然后马上跑进教室找喜欢的位子坐下，就这样莫名其妙地化解了大战危机。

挑战第 6 天，我带女儿与妈妈外出游玩，女儿在车上睡着了，醒来时刚好到达晚餐地点。刚醒来的她心情不太好，喊着想上厕所，当时外面下着大雨，我想带她下车，她吵着不要穿鞋子。

我冒雨抱她进了餐厅，到了洗手间，她仍吵着不想穿鞋子。我忍住怒火，跟她解释说不穿鞋就只能光脚站在湿湿的地板上，她听了更生气，边哭、边闹、边尿尿。正在挑战不生气的我，其实快要气炸了，但我坚守防线，不对她破口大骂，我把她带出洗手间，装作没事般地对她说："走吧！我们去看看外面有没有好玩的东西！"恰好转角有间卖泳具的店，我指着挂在上面的儿童游泳圈对她说："你看！是长颈鹿游泳圈！"女儿一听，情绪立刻大转变，她停止哭闹，很兴奋地开始指东指西，最后还开心地跟着我们一起试穿了好几件泳衣。

有了这几次处理经验，我深深觉得：当孩子在外面闹脾气时，我们一定要先稳住自己，不要因为觉得丢脸，而更生气地对孩子发动情绪攻击。我们要把重点放在帮助孩子平复心情上，而不是去在意他人的眼光。老实说，路上又有多少人认识我呢？

用幽默化解战争气氛

除了平静地面对孩子的负面情绪，我也学会用幽默转换孩子的心情。

挑战第 9 天的晚上，我正在电脑前忙碌，女儿在旁边一直找我讲话，我有些不耐烦，也没什么回应。被忽略的女儿开始闹情绪，当我忙完工作准备和她一起洗澡时，她变得不太配合，坐在地上不肯进浴室，坚持要我抱她。

我知道她是因为我刚才的态度而不开心，如果我再跟她生气，情况一定一发不可收拾，所以我开始跟她玩了起来。我对躺在地上耍赖要我抱的她说："来，你站到我脚上。"我让她抱着我，两人黏在一起，一步一步走进浴室，我放下她，开玩笑地说："这是妈妈公交车，请付钱！"女儿觉得这样很好玩，假装给我钱，心情也因此平复了。

有时候孩子闹情绪是起因于我们，如果我们火上浇油继续对她生气，她会觉得很无辜，就会哭得更用力。我们应该先处理好自己的情绪，再用好玩的方式帮助她化解心结，用幽默的方式来应对孩子的坏脾气。

暂时分开，让第三人协助处理

挑战不生气的这几天中，有几次我还真的被激怒到最高点，此时，如果有第三人适时带孩子离开，暂时分开彼此，转换一下心情，对稳定情绪会有很大的帮助。

挑战第 12 天，早上明明说好我去接她放学，结果一到学校，她又变卦说想要爸爸来接。我耐着性子跟她解释，她仍旧吵着要爸爸，然后开始大哭。此时园长过来，用手捧着她的脸，轻轻地在她耳边说："我的手有魔法，换我们去接爸爸。"女儿马上不哭了。只不过出了学校，她又开始闹，在出租车上哭得很大声，我对司机先生说抱歉，然后转头很平静地对她说："你太大声了，这样伯伯开车很危险。"她一路哭到律动教室，看到爸爸帮她送衣服来，吵着只要爸爸陪她上课，妈妈先回家。那一天，我第一次放手让先生去处理这个问题，我只把她送到门口，后面的程序由他们自己来。上课结束后，女儿很开心地回到家，先生告诉我说，女儿刚才自发地去换衣服、喝牛奶、进教室上课（因为爸爸什么都不知道）。

看着女儿开心的模样，我才意识到，适度的分离是最好的情绪冷却剂，我们都需要一点时间整理自己。接下来的几天，女儿都要爸爸送她去上学及陪她上课，她的心情也在那几天明显变好。感谢先生，让我与女儿纠结的亲子关系，找到另一个出口。

女儿不断地闹脾气，我深知她一定有心结没解开，某天晚上关灯后，我在黑暗中与她进行了长谈。

解铃还须系铃人，睡前深谈：我不吼，你不闹

我问她："你最近常为了一点小事就闹，是因为那天你在海科馆哭闹，我们没去彩绘餐厅，所以一直在生气吗？"女儿说："对。"然后

她回想起当天的情形，又开始吵着“我要去，我要去”。

我跟她解释：“在外面的时候，妈妈会看时间、安排流程，如果约好时间就要守时，例如飞机、高铁、船、餐厅，它们都不会等你。如果你想要什么，可以好好说，我们一起讨论、想办法安排；但是如果你又吵又闹的，大家就没办法沟通，最后什么都不能做。况且，那天我本来就答应你可以买爆米花，只是顺序上是先吃午餐再买爆米花，但是那时候你坚持一定要马上吃，还哭个不停，最后我们都进不了餐厅。我也好想吃爆米花，我也好想去彩绘餐厅啊！”女儿听了，没有说话。

我问她：“所以每次妈妈因为你哭闹而生气的时候，你跟妈妈说对不起，是因为怕妈妈不爱你吗？”她马上说：“对！”我语带抱歉地说：“原来是这样啊，我一直以为，你是因为知道自己做错事了才道歉的。我那天看了《大吼大叫的企鹅妈妈》，才知道原来孩子被妈妈吼的时候，都以为妈妈不爱她。你一定要记得，妈妈生气的时候不是不爱你，我只是不喜欢你做的那件事，不管发生什么事，妈妈永远都爱你！”女儿窝在我怀里，点点头。

我提出开放式问题：“那大人要用什么方法，才能让孩子知道不应该做某件事呢？”女儿静默答不出来。

我再问：“用吼的方式有没有用？”她倒是很快地回答：“没有，没有用。”我继续引导：“所以大人跟孩子都一样，大人用吼的方式没有用，孩子用闹的方式也没有用，所以我们不能用吼的，也不能用闹的，是这样吗？”女儿爽快地回应：“是！”我做出总结：“那以后我们都好好说话，用讨论的方式，不要吼也不要闹，好吗？”她毫不犹豫地答应：“好！”

了解孩子哭闹背后的原因

在我挑战不生气的过程中，我没有发脾气，这让我有机会从客观的角度，来看待女儿的哭闹。

那阵子，女儿有点小感冒，可能因为身体不太舒服，所以心情特别不好。我也发现，刚起床的时候她情绪都不太好，如果我再催她吃早餐以及快点出门，她的反应会特别强烈。而那几天爸爸去接送她，她很开心，而且做事也非常主动，我才发现，原来自己是个管得太多又爱催命的妈妈，因为在不知道如何带孩子的爸爸面前，孩子自己可以做得很好。

每个哭闹背后都有原因，如果我们气血攻心，就无法理性地分析问题的原因。唯有做到不生气，不卷入负面情绪的漩涡，我们才能真正看清问题，慢慢修正自己，找到与孩子更好的相处模式。

大部分情况下，我生气是源于孩子闹脾气，然而，当我沉淀下来反思时，我发现许多时候孩子闹脾

气，却是起因于我。

例如那阵子，每个早上女儿几乎都会闹脾气，挑战不跟孩子生气的我，学着不对她生气、拉开距离，这才发现，原来女儿闹脾气，是因为她一早起来就被我催促。当我不再催促她，而是悠哉悠哉地做自己的事时，女儿会以自己的节奏从刚睡醒的昏沉中醒来。20 分钟后，她会自动去吃早餐，然后准备出门，自律得很。以前我们每天早上大概要花 2 个小时吃早餐，然后准备出门（大概有一半的时间是我在催她，她因此很不配合），当我不再催促她，允许她以自己的节奏进行时，时间反而缩短为 1 个小时。我不催，她不气，双赢。

仔细想想，孩子迟到或没时间吃早餐，都是她自己的事，我们必须学习放手，让孩子自己承担后果，而不是死命盯着她去完成一件她自己应该做的事。放手以后，自然少了很多生气的理由，我们只需冷静、淡定地做好分内的事，让孩子学会对自己负责。

终结情绪混战，帮助孩子学会处理情绪问题

几天的挑战下来，我慢慢找到了处理情绪过激的方法，女儿也神奇地渐渐转回到情绪稳定状态。我们之间的关系不再剑拔弩张，我不再动不动就威胁她，我懂得了要给她多一点时间与空间，我懂得了用宽容与温柔来看待她的小失控。我学会在小事上放手，她也重回过去

的懂事、讲理，且变得更加自律。

挑战第 14 天，我们到兰屿绿岛旅行，即使在最容易发生情绪冲突的旅行压力下，我与女儿也都能安然度过。也许是因为我们找到了适合彼此的相处模式，她也知道妈妈的爱会一直守着她，她不再需要通过哭闹去试探我对她的爱，她能安心练习处理情绪问题。

我想，父母应该像棵稳定的大树。在孩子慌乱、失去控制的时候，我们更要冷静、淡定，做最好的情绪管理示范，通过一次次练习，让孩子学习处理情绪问题。想教孩子控制好情绪，我们必须先练习控制好自己的情绪。永远先从己身做起，这是最有力量的引导，更能展现我们想要变好的决心。

21 天挑战过后的某个晚上，女儿在回家的路上蹦蹦跳跳地唱着歌。突然，她抬头对我说："麻麻，你最近都没有对我生气，我好高兴喔～"，其实那天她有一点小小地无理取闹，然而对这类状况已经非常熟悉的我，轻轻松松地就化解了情绪危机。如同之前挑战不对另一半生气一样，当我从己身做起，做到不生气，对方（包括先生与女儿）也能感受到我的改变，从而也会修正自己。我从这两次挑战中收获满满，也感动另一半与女儿的配合，让这两次挑战更有意义。

挑战 21 天不生气大结局

挑战过 21 天煮晚餐、21 天不对另一半生气、21 天不对孩子生气后，我发现这样的挑战一点都不难。许多事不是做不到，而是我们从未尝试过。

谁没有情绪？谁不会生气？然而结局之所以不同，在于我们是否能把每次生气都转换为一种养分，督促我们向更好的自己迈进。通过21天的练习，我学会不在情绪过激时硬碰硬，而21天过后，我也不是没生过气，只是曾经挑战成功过，我知道自己永远有其他方式来解决，而不是放把火把世界全烧了。

只要熬过第一个21天，我们就会知道自己做得到，往后的路上，如果再次偏离轨道，我们也能随时把自己拉回来，重新调整好。生命的经验时好时坏，唯有坚定的意志才能引领我们往正向发展。挑战21天不生气，是对意志的考验，而这场考验将带给我们满满的自信。

我们永远有力量把自己变得更好，而这样的转变，也会感染爱我们的人，一起把彼此的生命带入美好的良性循环。

继续挑战不生气！

戒吼第 20 天

文 | 李宜蓁

善用戒吼小道具，不被负面情绪绑架！

记录，是迈向行动的第一步。拿起笔来，填写自己的“情绪察觉表”，并制作属于自己的“戒吼日历”。你会发现，通过觉察和练习，育儿可以越来越优雅。

“谁说爸妈不能生气？”人有情绪变化很自然，主治医师罗筠会这么说可不是替“怒吼妈”跟“不准爸”开脱。

如果孩子真的做错事，父母骂完他应该觉得很舒坦才对，但为什么在骂完他之后，常会感到沮丧呢？罗筠解释，关键是父母要学会让情绪找到正确的出口，而不是将人身攻击、迁怒于他人、算旧账等沟通中无效的路数，全部搅和在一起。

如何把气生得“干净利落”，真是父母一辈子的修行。看穿生气背后的“伏地魔”，是摆脱被负面情绪绑架的关键。

罗筠说，愤怒分层次，对孩子发脾气后，又感觉脾气发得不合宜、不恰当的父母，请先自问：躲在愤怒后面的到底是什么？可能是内心深处的失望、沮丧、担心；若继续分析下去，可以再细究是对孩子失望？还是对自己失望？

无效沟通一再重复循环，让人崩溃，父母是否该换个方法讲话？或者父母是急惊风、孩子是慢郎中，双方无对错，只是步调经常不一致？

罗筠说，有些父母本身也需要求助专业机构的帮助。如妈妈有非常严重的经前症候群，因此情绪波动大；或者爸爸有中年危机；甚至也有些搞不清状况的父母根本不了解孩子，不清楚孩子要什么，需要旁人提醒。最后，再请“扫雷小组”出动，找出亲子沟通中布满引线的“地雷区”，将它们标识出来，冷静地告诉自己下一次应该怎么改变。

罗筠说，父母在社交网络告解讨论，其实也是一种治疗。她鼓励父母通过写博客或日记来做育儿记录，因为时间一长他们就会发现“怎么情绪又来了”！“奇怪，我怎么每次都中招”！

要使亲子沟通有效，双方都应该做出改变，但父母比孩子成熟，做出改变相对容易些，文字记录可以帮自己看出问题所在。当父母意识到自己需要“戒吼”、需要改变时，恭喜你们跨入自我觉察的成功区。

为了帮助父母顺利进入“戒吼实战模式”，本书提供戒吼成功超过 700 天、4 个男孩的母亲、美国橘犀牛妈的自我情绪觉察表（见第 194 页），完整地记录一周，找出自己的情绪地雷；也可以把戒吼日历复印一下（见 195 页），贴在冰箱上。不啰唆，戒吼就从做记录开始！

戒吼工具 1　情绪觉察表

自我觉察，是扫描“情绪地雷”最好的方法。这里给出的表格为记录范例，建议读者至少记录一周，才能看出自己的情绪变化规律。

当记录完一周的内容后，接着用不同颜色的笔依情况圈出、分类。

红圈 标出自己最容易失控大吼的时间点，有意识地提醒自己，这段时间是红色警戒。

蓝圈 代表自己最容易改进的点，从这些地方着手戒吼，改善的效果会更明显。

绿圈 代表自己情绪变化较大，特别容易对孩子生气的点，值得自我提醒。

戒吼工具 2 戒吼日历

每天一个戒吼妙招，帮助妈妈们有效化解怒气。

以下是一整个月的戒吼日历范例，可以复印后贴在冰箱上，进行自我提醒。只要有怒气，就用当天的方法将怒气发泄出来。另外，你也可以开发、选择自己觉得最好用的方法，创造自己的戒吼妙招日历。

情绪觉察表记录范例

时间点	星期一 上学前	星期三 放学	星期四 晚上	星期日 睡前
对谁吼	张小宝	张大宝	又是张大宝	张小宝
吼之前，我正在……	我正在厨房里刷锅	我买菜回家，准备煮饭	我正在看韩剧《制作人》	我正在客厅里吃水果
吼之前，孩子正在……	该出门穿鞋，却坐在地上玩乐高	写作业不专心，一下折飞机、一下玩橡皮，说他也不听	把好好的一瓶酸奶洒在地上，一片混乱	应该刷牙睡觉，却在玩《神魔之塔》，且超过预定时间
孩子被吼就……	哭闹不穿鞋	竟然顶嘴说"不然你来写"	竟说"上次你洒了，我都没有骂你"	不理我，继续玩
当下我正在烦……	收到主管信息，工厂订单没赶上，要紧急开会	没有	精彩剧情被打断	刚刚婆婆忽然来电话说，明天晚上要来坐一坐
孩子是否渴、累、饿	没有	应该都有	没有	没有
下次可以怎么改进	易出状况的星期一，应准备简单的早餐	孩子放学后，先给他吃一些点心，让他们垫垫肚子	请他自己善后，并告知他明天没酸奶喝的结果	制订"超过时间该怎么办"的规则，要先讨论出来

早上最容易吼孩子，可能急着出门，要同时快速地做完几件事。孩子没接到清楚的指令，妈妈也没有妥协，于是冲突不断。

孩子放学后需要吃点小点心和短暂休息，这是很容易改善的点。

其他事情让自己心情烦躁，所以对孩子的行为感到生气。

戒吼日历

星期一	星期二	星期三	星期四	星期五	星期六	星期天
						1 用"还好"造句：天啊，还好不是打翻玻璃瓶。
2 把正在捣蛋的小鬼当成别人家的孩子。	3 上微信或微博找朋友，告诉他们你快失控了。	4 离开现场，眼不见为净。	5 试着转移目标，找其他人讨论。	6 默念5遍："生孩子，不是拿来生气的。"	7 拿出冰激凌，全家一起吃，没人有心情捣蛋。	8 看孩子幼年时超可爱的照片。
9 想哭就哭吧！让孩子知道你真的很沮丧。	10 买一瓶高档的戒吼专用护手霜。	11 拿手机录下捣蛋行为，作为呈堂证供，备用。	12 拿老公给的副卡，去买空气炸锅。	13 学机器人讲话、学猩猩走路，让所有人发笑。	14 看郑多燕视频，开始运动。	15 今日公休一天，不做饭，叫外卖。
16 向自己信仰的神明祈祷，请求他赦免你偶尔的爆发。	17 深呼吸，并且默念数字，直到你忘了生气。	18 去慢跑，不跟孩子24小时黏在一起。	19 把上周买的空气炸锅拿出来用。	20 放"施工中"的牌子在房门口，自我隔离。	21 其实孩子可能是饿了或累了，来杯冷饮吧。	22 升级成"老僧入定"模式，对捣蛋行为一笑置之。
23 打开冰箱冷冻门，把头放进去冷静一下。	24 上演悲情戏，博取大家的同情。	25 进洗手间大吼，按马桶冲水键冲走怒气。	26 拿出黏土，狠狠用力乱捏一通。	27 在家准备摇铃，提醒他们停止捣蛋并注意你。	28 把怒气写进日记里。	29 不管三七二十一，到美容院做按摩。
30 播放能让自己心情平静的音乐。	31 离开现场，到房间里听喜欢的广播节目。					

制表｜李宜蓁

戒吼第 21 天

文 | 詹纯玲

争吵后，如何跟孩子和好？

当情绪的狂风暴雨袭来，当怒吼、愤怒、失控已成事实，面对懊悔的自己与瑟缩的孩子，我们应该如何化解关系危机？

刚下班的妈妈，拖着疲惫的身子接儿子小方回家后，马上又得展开另一项工作——准备晚餐。

好不容易安顿下来，要开饭了。

“小方，把玩具收起来，准备吃饭了。”妈妈在厨房说。

“嗯。”小方漫不经心地回应。

“小方，有没有听到妈妈说的话？”妈妈略提高了音调。

“在收了！”小方回答。

妈妈把菜准备好，等了5分钟，没听到任何动静。到房间一看，心想：“这算哪门子的收玩具？”看见满地乱七八糟的玩具，小方仍专心地在堆积木，妈妈不由得怒火中烧，一把将积木推倒，小方吓得大哭。妈妈越想越气，声音提高了八度：“你居然敢骗我说你在收了！你这么不听话，早知道就不要把你生下来，我就不用这么辛苦……”然后继续数落小方好一阵子。吃饭时，一反平日耍赖拖延的常态，小方快快地把饭菜都吃光了，然后进房间默默地画画。

看着异常乖巧的小方，妈妈心里没有一点欣喜，反而充满了懊恼。她知道小方只是在害怕。她很后悔自己刚刚那么冲动，对孩子讲出那么难听的话，“孩子会不会被我伤害呢？从此跟我会不会有距离”？

父母身负教育孩子的重责大任，每天跟孩子朝夕相处，当孩子的行为表现得不如预期时，很少有父母能一直保持平静的心情与孩子互动。

情绪失控的大人，会做些什么呢？

有人会不分青红皂白地骂孩子，但有时是骂错人或错怪了孩子；有时会口不择言说些难听的话，例如，“你出去好了！”有的甚至做出不当惩罚，比如将孩子关厕所，甚至失控打孩子。

当管教失控后，孩子的心情通常会不安、害怕又困惑，因为他们不明白大人为何突然发那么大的脾气。越小的孩子越理解不了，便越容易将所有的错归咎在自己身上，而且会想：“爸妈不爱我了。”

孩子如果没有梳理好这些心情，重新修复跟大人的关系，就会开始做出一些让大人无法理解的行为，例如，有的孩子会变乖巧但遇事易退缩，因为他认为唯有这样爸妈才会再爱他；有的则因缺乏安全感而变得易怒；有的则会用负面行为试探爸妈是否还爱他。

与自己和好三部曲

为了让孩子安心、父母不后悔，请父母学着用适当的方式教育孩子。管教失控后，请努力修复与孩子的关系，并与孩子真正和好。但在这之前，首要的工作是跟自己和好。

父母在意识到自己管教失控后的第一个行为，通常是“自责”。最让父母懊恼的是亲子关系的破裂，以及担心孩子产生心理创伤与不信任感。为了消除自己的“罪过”，父母可能会用弥补的方式来修复亲子关系，但这只是表面上的和好。

父母若不了解自己当时的情绪是因何而起，没找出真正生气的原因，并学会让自己镇静，下回再发生类似的情形时，还是有可能被情绪牵着走，然后又再度懊恼、试着弥补……如此一再处于恶性循环中，孩子会更不安，关系又得重新开始修复。因此，父母要以“学到经验”的心态原谅自己，跟自己和好，之后才可能用放松的心情与建设性的方式，跟孩子真正和好。那么，大人该怎么跟自己和好呢?

1. 梳理当时的情绪

了解自己究竟在气什么? 管教失控，就像电脑中毒后死机一样，切断了亲子关系的电源。需重新启动，还要找出病毒并将其删除。与孩子重新建立关系，也需要找出让我们情绪失控的原因。若心情很复杂，可以写下来或找人谈谈，以梳理自己的情绪。对孩子发怒的原因，可能有以下几种。

★ 身体不舒服。身体感觉是最直接的，当我们身体疲惫或不舒服时，孩子的行为恰恰又不符合期待，就很容易产生怒气。又或者，妈妈下班时很累了，孩子在旁边叽里呱啦地讲个不停，敷衍他两句也没用，就会忍不住要他“闭嘴”。

★ 时间紧迫。当父母有时间紧迫感，而孩子却摆出一副“皇帝不急，急死太监”的心态时，就会挑战成人的极限，这也常是造成情绪失控的元凶。好比父母要上班，孩子要上课，都快迟到了，孩子却还拖拖拉拉，这时要大人不抓狂还真难。

★ 误触个人地雷。有的父母对于某些价值观特别重视，例如说谎、顶嘴、偷窃、打人、不理人等。因为担心孩子会品性不佳、操行不良，一涉及这些问题父母就会特别易怒。

★ 挫败感。父母苦口婆心地一再强调或教了好多次都没有用，很容易产生挫败感而失去耐性。

★ 个人情绪转移。父母可能因为在工作中或人际关系上遇到了问题，本身心情不好，但孩子不懂得察言观色，还在嬉闹或没有分寸，于是父母就容易将对其他事与人的不满迁怒到孩子身上。

当然，以上只是举例，还存在其他不可估量的各种可能因素。

2. 重新整理自己的思绪

针对自己生气的原因，重新思索自己想要什么以及找到适当的解决办法是十分必要的。

例如，如果你发现自己特别反感孩子顶嘴，那就该考虑一下是因为他讲话的态度令你不舒服，还是自己不容许孩子有个人想法？究竟我想要培养的是什么样的孩子？这是父母应该思索的问题。

再举另一个例子，假设你发现早上常常赶时间，除了孩子拖拉外，其实自己也常舍不得叫孩子早点起床，结果弄得大家都很紧张。此时就要思考自己为什么会这么过度保护孩子？这是孩子的需要还是自己的需要？如果是孩子的需要，可以有更好的解决方式吗？

3. 让自己平静下来

整理完自己的思绪后，想想以后若有类似的情况发生时，应该如何让自己平静下来。那可能是一个行动或是一句话。

★ 暂停法：当父母自己的情绪上来时，可以先离开现场，并告诉孩子："我现在心情不好，需要离开冷静一下。不是不理你，等一下我们再谈这件事。"或去喝口水，上个洗手间，整理一下心情，再回来处理问题。

★ 自我安定法：当下在心里想一些安定语也很有效，例如："冷静，冷静，他只是有话要说。""让他迟到一次，学习自我负责。"

7 个步骤，与孩子和好

父母在经过"自我对话"阶段，做好"与自己和好"的基础心理建设后，通过以下方法，会更容易心平气和地与孩子和好。

1. 承认自己的失误，关心孩子的身心

放下身段，跟孩子道歉，做一个勇于面对错误的示范。如此一来，孩子才会知道发生了什么事，了解你的情绪已平复，他的不安才会消除。其实，只要我们示弱，孩子就很容易原谅我们。要求孩子原谅自己，不是要让自己好过，所以不是跟孩子说："打你，是为你好。"那该怎么说呢？例如，你可以说："妈妈很抱歉，刚刚有没有吓到你？你现在心情还好吗？"如果不小心伤到孩子的身体，帮他擦药，关心一下伤势。

2. 让孩子了解你的心情

跟孩子谈谈刚刚发生的事，让孩子了解你的心情。例如，你可以说："我刚刚是很伤心，你答应我要收玩具，却骗我。我觉得你不是这样的孩子啊！"

3. 让孩子知道你学到的经验

可以示范自己下次打算怎么表达。比方可以说："不过，再怎么生气、伤心，妈妈也不应该那样说话。如果妈妈下次说'我很生气，因为你跟我说你在收了，却没收，我有被骗的感觉。'这样讲，你会不会理解妈妈呢？"

4. 问问孩子，希望成人下次怎么说

例如，你可以说："当妈妈很生气时，如果以这件事来说，妈妈怎么说，你才会理解我呢？"

5. 想一句话或一个方法，请孩子提醒你

你可以说："下次妈妈快要生气时，请你告诉我：'妈妈冷静'。"

6. 与孩子就事论事，回到事情的原点

你可以说："刚刚妈妈叫你吃饭、收玩具，你说的跟做的不一

戒吼便利贴

面对亲子冲突，父母要以“学到经验”的心态原谅自己。先跟自己和好，之后才能用放松的心情与建设性的方式，跟孩子真正和好。

样。如果下次，你要怎么做才不会让妈妈觉得你在骗我？”然后跟孩子讨论这件事可以怎么解决。

7. 谢谢孩子的原谅

最后谢谢孩子的原谅，彼此约定生气时的表达方式不能伤害自己和他人，而是要说出自己的心情及想法。

管教孩子，不可能都没有情绪，重要的是不要让情绪影响我们的管教方式。我们都知道要尽量管理好自己的情绪，做孩子学习情绪表达的示范者。但万一失控以后，就放下身段吧，承认自己的失误，关心孩子的心理变化，重新思考冲突的原因，学习了解双方的需要。

Jaguar 小姐
聊心事 5

爱，会指引冲突后该去的方向

【事件一】

上星期的一个早上，女儿正在挑选外出要穿的衣服，我只不过随口说了句："我觉得你最好穿长裤吧！"她就开始生气。我不知道为何她反应这么强烈，在即将出门的节骨眼上我也不想与她争吵，便说"好，好，好，随便你，"然后转身离开现场。

没想到，我的转身让女儿变得愤怒，她追到洗手间，对坐在马桶上的我说："我讨厌麻麻！"我知道她卡在情绪里了，不想随着她"起舞"的我，温和地回了她："你可以讨厌麻麻，没关系～"不料，她听了竟然更大声地说："我讨厌麻麻！"还挥手打了我左手臂一下。我抓住她的手，有些严肃却仍温和地说："我刚说没关系，你可以讨厌我，OK 的！"

这时候，女儿突然大哭起来，泪眼婆娑，伸出双臂说："麻麻抱抱！"我向前拥

抱她，轻抚她的背，充满理解地问："我知道你不是真的讨厌麻麻，你只是讨厌麻麻要你穿长裤，对不对？"她双眼噙着泪，对我点点头。我看着她的眼睛，说："我知道，我知道，其实你很爱麻麻，不是讨厌麻麻。"被我说出心声的女儿，委屈地哭得更大声，然后，她对我说："麻麻，我想跟你说对不起。"

其实，当下的我根本不知道自己的做法对不对，转身离去，冷处理，回答"没关系，你可以讨厌我"，我无法预测会带来什么后果。我只知道，只要最后我们和好了就好，她的一声"对不起"让我立刻融化。

【事件二】

上周六跟家人约好聚餐，衣服换到一半，女儿发现指甲油掉了，吵着要重涂。眼看时间来不及了，我说："先出门吧！回家再涂。"但她坚持要现在涂；我换个方式说："先穿好衣服再涂吧！不然指甲油会被弄坏。"她还是不要，一定要先涂好再穿衣服。担心聚餐来不及的我，不耐烦地说："好，好，好，要涂快涂，涂好马上穿衣服。"结果她坐在地上耍赖大哭。

我开始生气了，问她："你到底要不要涂？"她说："我要麻麻帮我穿衣服。"我拿起衣服往她头上套，她又把我推掉说："我要自己穿！"莫名其妙的她让我怒火中烧。已经被她折腾了半个小时，我越来越没耐心，她坐在地上踢脚大哭。看着她不可理喻的脸，我觉得自己的情绪快爆发了。这时我突然明白了难怪有妈妈会失控打孩子，因为现在的我也好想这么做。我很想揪着她，硬把她带出门，但我知道她会一路大哭，没完没了地哭到天荒地老。

无法扭转情势，我既灰心又无力。我站起身来，对她说："我不想去了！你在家里慢慢哭吧！"她追上来，展开另一波攻势，大哭着喊："我要去！我要去！麻麻我要去！"

我躲到洗手间，她也跟进来，站在我面前，突然边哭边伸手，打了我左脸颊一下。

这下我真的生气了！

我充满怒气地问她："你为什么打我？"她继续哭闹，我再生气地问她："你是因为下午吃了冰糖莲藕，所以现在发疯吗？"她说不是，继续吵着"我要去！我要去"！我按捺不住脾气对她吼了起来："我不去！刚刚本来可以去的，但是你为了一个指甲油，哭了快 1 个小时，现在我不想去了！你就留在家里慢慢哭，我不去！"

然后，我回房间换下外出服，打开冰箱把过期的牛奶及食物全拿出来，一个一个打开，再一个一个倒进洗碗槽及垃圾桶。女儿跟着跑进厨房，站在水池旁，边哭边看着不发一语的我给垃圾分类及洗碗，突然，她哽咽地说："麻麻，我想跟你说对不起。"

我看了她一眼，怒气未消，不想说话。她再次说："麻麻，我想跟你说对不起。"然后 3 次、4 次、5 次，不断重复。其实，在她第

一次说对不起时，我已经心软了，我只是一时间拉不下脸来跟她说没关系。

碗洗好了，我离开厨房，她跟着我，继续说："麻麻，我想跟你说对不起。"我好心疼，转过身，蹲下来，抱着她说："好了，妈妈没事了。以后不可以打人，也不要这样闹，好吗？"她轻声哭着，趴在我肩膀上点点头。我问："那你还要去找奶奶她们吃饭吗？"她喊"要！"于是我们一起到洗手间梳洗，整理好后，她看着我，再次认真地对我说："麻麻，对不起。"

我很感动，紧紧地抱着她好久好久。

这是我在博客里，写下的与女儿发生情绪冲突的两个小故事，现在想来都觉得好笑。当时的我，还搞不清楚为何女儿会这样闹脾气，我也一直卡在"生气"的关卡，直到后来发生彩绘餐厅的大冲突后，我才下定决心挑战不生气，之后的我也摸索出与她的相处之道。现在，这类场景已经很少发生了。

然而回想当时，即使问题还未解决，我和女儿最后也还是能很快地和好如初。因为当我们陷在情绪风暴里时，都无法静下心来处理情绪或控制行为，然而当情绪发泄完毕后，我们都能继续用温柔拥抱彼此。她与我一样，都在摸索如何与彼此相处，以及处理情绪问题，而她胜过我的是，能很快道歉。她不让任何一次失控，影响妈妈对她的爱，她希望妈妈快点原谅她，她就可以以最快的速度重回妈妈温暖的怀抱。也因为她的爱，才让我深刻反省自己，决定向自己挑战。

没有从不生气的妈妈，也没有从不耍赖的孩子。所谓爱，就是在不断冲突又不断和解的过程中反复确认彼此的重要性。

她的泪水、她的哽咽、她的对不起，都是她的自责与反省，也是督促我们变得更好的动力。

其实，我们都在摸索。今后，我们还会遭遇各种状况，然而爱会指引冲突后该去的方向。因为怕失去爱，所以我们愿意变得更好。爱，是在混乱与黑暗中闪着亮光的灯塔。

如同我在《大吼大叫的企鹅妈妈》一书的推荐文中所写的："教育孩子也是大人的修炼。一路上，我们仍会擦枪走火，在爱的指引下，我们一次次练习更好的处理方式。最重要的是，在每次冲突过后，我们都要以最快的速度让孩子回到我们的怀抱，而我们，要更用力地拥抱她。"